LES CHAMPIONNATS D'AVIRON

A MACON
1920

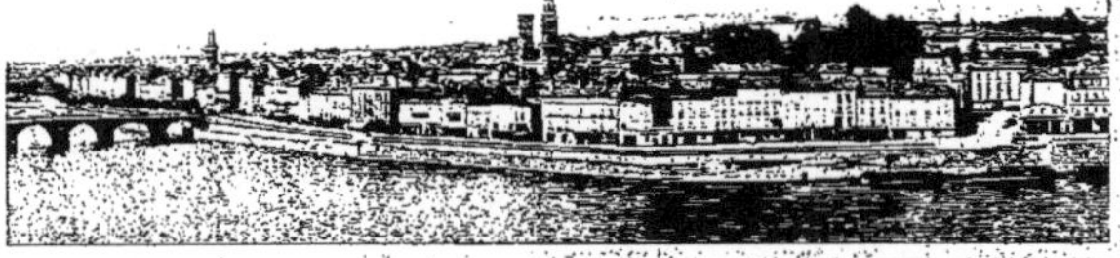

SOCIÉTÉ DES RÉGATES MACONNAISES

MACON

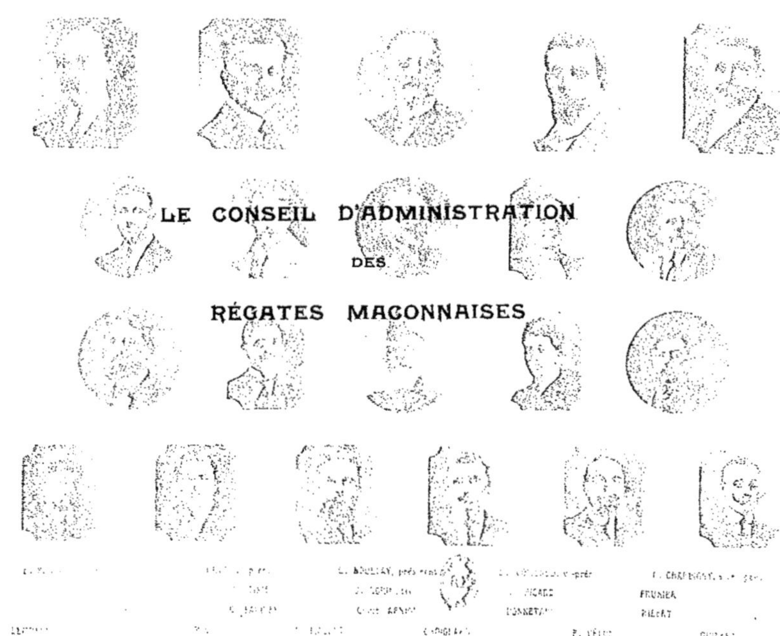

LE CONSEIL D'ADMINISTRATION
DES
RÉGATES MÂCONNAISES

LE CONSEIL D'ADMINISTRATION

DES

RÉGATES MACONNAISES

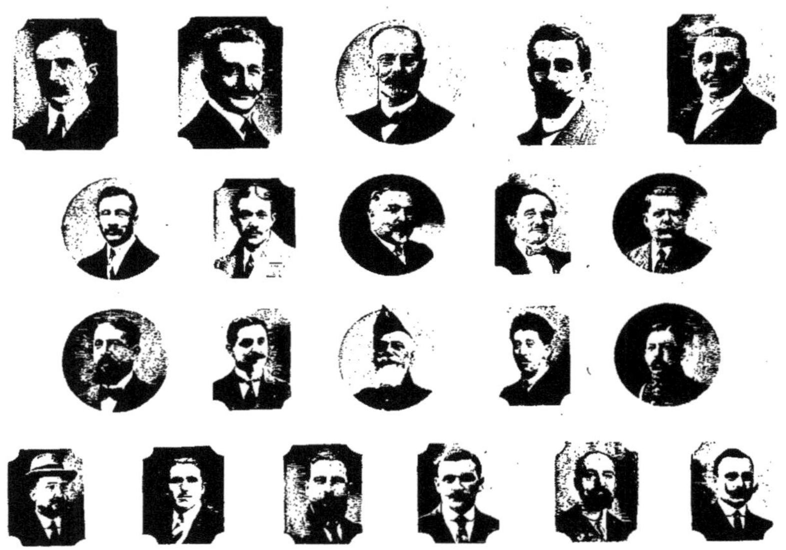

E. PROTAT, v.-prés.
G. MINET
CHARBON
LÉMONON
R. PERRET, v.-prés.
E. TIXIER
G. BARBIER
J. LAMOUROUX
L. BOULLAY, président
J. LORIS, trés.
Capit. ARNION
L. MALLET
CHOIGNARD
L. COMBAUD, v.-prés.
L. PICARD
BONNETAIN
F. VÉLON
C. CHARDIGNY, secr.-gén.
PRUNIER
RIBERT
GUILLET

LES CHAMPIONNATS D'AVIRON

SUD-EST — FRANCE — EUROPE

A MACON — 8, 13 & 15 AOUT 1920

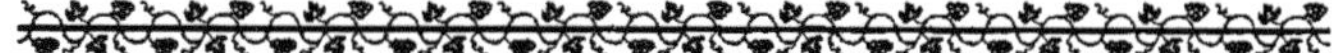

LES CHAMPIONNATS D'AVIRON

EN 1920

Dans sa séance de mars 1920, la Fédération Française des Sociétés d'aviron, prenant en considération les larges subventions accordées par la Municipalité de la Ville de Mâcon à la Société des Régates Mâconnaises, chargea celle-ci d'organiser les championnats de France et d'Europe pour l'année 1920, et fixa aux 13 et 15 août les dates de ces grandes réunions sportives.

Fondée en 1873, au lendemain de nos désastres, quand il s'agissait de fortifier, pour l'avenir de la France vaincue, des poitrines et des bras, la Société des Régates Mâconnaises était une des plus anciennes, et donc justement désignée pour affirmer la force de la France victorieuse, au lendemain de ses exploits.

D'ailleurs, d'autres titres la qualifiaient encore : c'est elle qui, en 1894, avait organisé les premiers championnats d'Europe, institués par la Fédération internationale des Sociétés nautiques dès sa fondation. C'est elle aussi qui, en 1912, avait présidé aux Championnats de France ; et le mémorable succès de ces belles journées était demeuré vivace dans les annales de l'aviron.

Elle se mit donc immédiatement à l'œuvre, avec une ardeur d'autant plus généreuse qu'il lui fallait soutenir l'honneur d'un tel choix. Entre plusieurs autres sociétés puissantes, sises dans de grandes et populeuses cités, au bord de nos plus larges fleuves : la Gironde, qui est une mer, la Seine, où flotte l'insubmersible galère parisienne, le Rhin gaulois enfin reconquis, ne lui demandait-on pas, à elle, de montrer à l'Europe conviée, dans ce premier rendez-vous des peuples sauveurs du monde, que la France épuisée d'or et de sang gardait toujours sa vitalité surhumaine, et demeurait la terre d'élection de tous les nobles tournois ?

Il est vrai que Mâcon, reine de la Saône, peut défier, en un juste orgueil et sans forfanterie, les sites nautiques les plus réputés. Sa rivière au large cours sans gués ni méandres, ouverte comme un canal à la navigation, avait déjà provoqué, dès les temps de l'invasion romaine, l'admiration peu suspecte de César. Frappé des beautés de cette nappe harmonieuse, qui faisait de son Tibre un simple ruisseau, il en avait décrit la lenteur sereine, où les yeux ne distinguent ni l'aval ni l'amont.

Et de fait, les lacs dormants, à peine lustrés par les brises, n'offrent pas plus de paix à la barque du pêcheur. La Saône, molle et rêveuse, indolente et coquette, semble elle-même éprise de

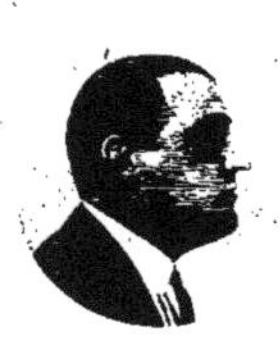
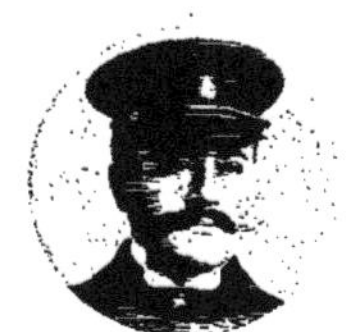
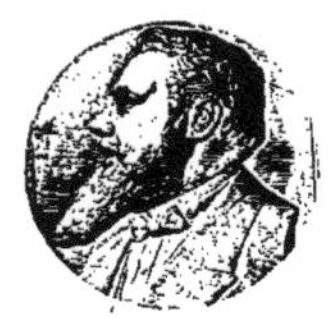
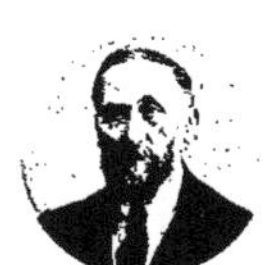
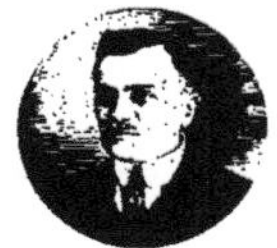
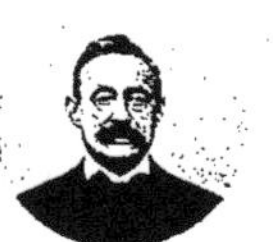
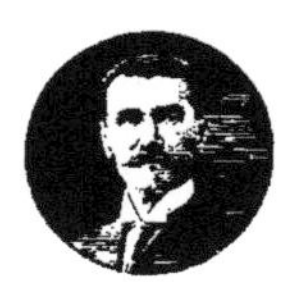
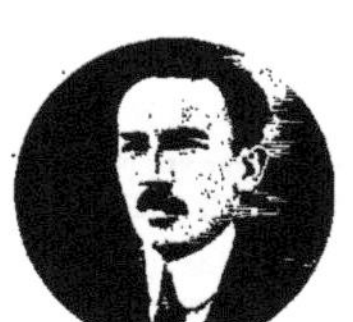
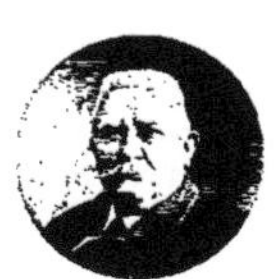

M. MANUEL
Prés. Fédération Suisse

M. MARÉCHAL
Direct. Journal Aviron

M. BERTRAND
1er adjoint

E. GLANDAZ
Prés. Fédération Française

M. DORN
Secr. Fédération Française

M. WETTENGEL
Prés. Fédération Sud-Est

M. LAFAU
Député
Maire de Mâcon

M. WOELFELLER
Prés. Fédération Belge

M. SEVIN
Trés. Fédération Française

M. MERLE
2me adjoint

son lit. Elle s'attarde entre ses rives. On dirait qu'elle les quitte à regret, qu'elle s'attache aux terres qu'elle féconde, aux paysages qu'elle reflète, aux profils indécis des collines sinueuses, quand le souffle du crépuscule balance sur son miroir l'image tremblante des premières étoiles.

Le bassin des championnats — ainsi nommé depuis 1894 — est en outre, de lui-même, un des points les plus pittoresques de son cours.

De la promenade du Breuil, où sont installées les tribunes face aux arrivées, on jouit d'un spectacle qu'on prendrait pour un décor.

Devant soi, les eaux immobiles, rayées par l'aviron en mouvantes cannelures ; au delà, la longue plaine de la Bresse : non pas la plaine grise des récoltes rentrées, où le chaume hérisse le sol comme un menton mal rasé, mais la plaine herbue des prés, mer étale de verdure, où se posent les yeux rafraîchis, sans rien qui les arrête, bien loin, jusqu'au rideau d'ombrages qui la clôt. Et là, l'épais fouillis des arbres pressés et opaques, entre lesquels, percent de blanches maisons, des clochers, des coins de villages, pareils à des dominos négligemment jetés sur le tapis vert d'une table de cercle. Par dessus, le couronnement du Jura ; et par dessus encore, aux jours éclaircis par la transparence messagère d'une pluie prochaine, la crête neigeuse des Alpes, le dôme massif du Mont-Blanc, rougeoyant dans un halo de lumière cuivrée, dernier écran du soleil couchant.

A gauche, descendant du nord, la rivière toute droite se perd à l'horizon ouaté d'une brume légère, d'où s'élancent les yoles frangées d'écume, livrant tous les détails de la course aux

regards anxieux du spectateur. A droite, gagnant le sud, elle se heurte au vieux pont de la
ville, à ses arches inégales, à ses piles lourdes et ventrues, contre lesquelles ont vainement
déferlé les glaces et les inondations : pont séculaire aux voûtes romanes, qui s'allonge, disait
Lamartine, «comme une caravane traversant un gué à pas inégaux ». Et puis, c'est le faubourg
de Saint-Laurent et son clocher aigu tendant, d'une rive à l'autre, la prière chrétienne aux
tours gothiques du vieux Saint-Vincent, toujours fier dans ses ruines, vieux champion balafré
resté debout sur le champ de bataille des siècles.

Tableau splendide, de notre douce France, joyau natal de notre chère Bourgogne, fait comme
elle d'ampleur, d'équilibre et de mesure ! Ici, le soleil dore les moissons sans les brûler, les
cigales bruissent sans assourdir l'oreille, le vin affine l'esprit sans ivresse, et le ciel tamise sa
claire lumière loin de l'obscure mélancolie du nord et de l'aveuglante splendeur du midi. Qu'on
nous pardonne l'orgueil de ces choses, car les lieux où l'homme vit sont pour lui l'insépa-
rable vêtement de son existence.

C'est là, dans ce cadre pacifique d'une exceptionnelle beauté, qu'allait rivaliser de souffle
et de muscles une jeunesse ardente qui, la veille encore, rivalisait d'héroïsme, et poussait
à bout de bras nos canons enfoncés dans les ornières de la victoire.

La Société des Régates Mâconnaises, admirablement secondée par de puissants concours,
et par d'importantes subventions de la Municipalité et du Conseil général, eut l'honneur et
la bonne fortune d'obtenir la présence de M. le Ministre de la Marine, Landry, qui accepta de

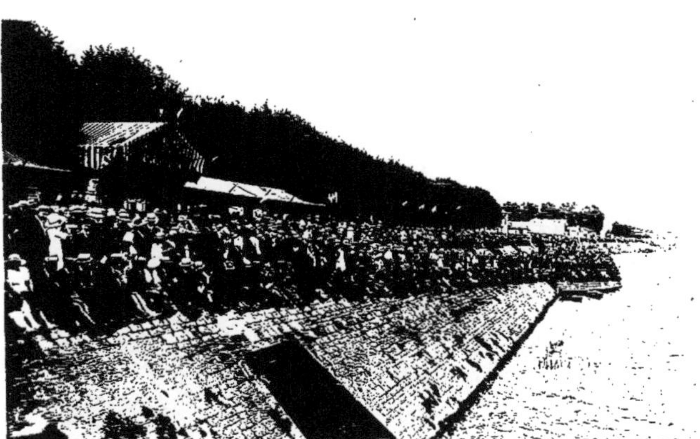

Tribunes — Vue générale

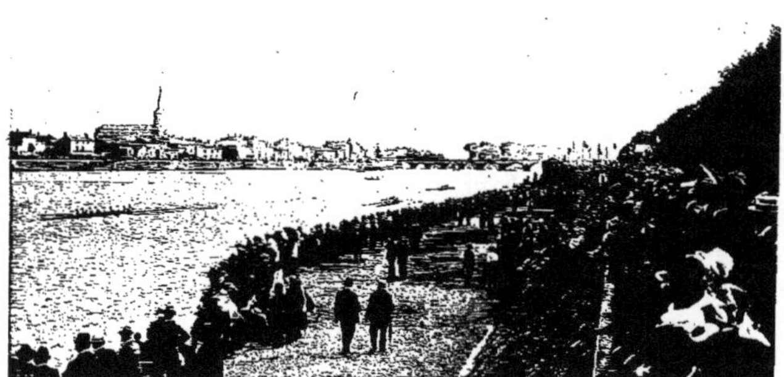

Saint-Laurent vu des tribunes latérales

venir présider, le 15 août, les épreuves du Championnat d'Europe, affirmant ainsi la sollici-
tude du gouvernement pour le généreux sport de l'aviron.

Dire l'effort de chacun et le nom de tous les participants qui nous ont apporté sans
compter, sous toutes les formes, l'appoint de leur dévouement, de leurs conseils, de leurs dé-
marches, de leur compétence, la liste en serait trop longue. Mais ils savent que nous ne sommes
pas gens à oubli. Qu'ils soient donc tous remerciés ; et qu'ils nous permettent de le faire dans
un serrement de main préférable à beaucoup de phrases !

Nous devons toutefois assurer nominalement de notre gratitude M. le Préfet de Saône-et-
Loire, Lamy-Boisroziers; M. Lavau, député et maire; MM. les membres de la Municipalité
de Mâcon; M. le sénateur Richard, président du Conseil général; MM. les Députés et Sénateurs
du département; la Fédération Internationale des Sociétés d'aviron; la Fédération Française;
la Fédération Lyonnaise et du Sud-Est, et leurs présidents : MM. le Comte Vialardi di Verone,
Glandaz et Wettengel ; puis, le Comité des Fêtes de Mâcon; les Sociétés sportives et musicales
de la Ville; la musique du 134e Régiment d'Infanterie; et particulièrement celle des Equipages
de la Flotte de Toulon, venue, par la munificence de M. le Ministre de la Marine, donner à nos
fêtes un éclat hors de pair, et soutenir son incomparable réputation.

Que dirons-nous enfin de l'enthousiasme d'une population justement glorieuse du choix dont
elle avait été l'objet, et qui, par son accueil, par ses pavois, par ses acclamations, sut montrer
ce que vaut l'hospitalité bourguignonne?

Le 8 août, les fêtes nautiques commencèrent par les championnats du Sud-Est ; le 13 août, ce furent ceux de France, avec un succès croissant ; et le 15, ceux triomphants d'Europe. Ceux-là, malgré l'incertitude du temps, malgré les menaces d'une pluie malencontreuse qui, heureusement, attendit le soir pour noyer les réjouissances nocturnes, virent accourir une affluence énorme de tous les lieux circonvoisins. Une foule incalculable envahit les tribunes, les enceintes, tous leurs abords, et s'étendit en rangs pressés sur les deux rives.

Les courses, nous ne les décrirons point par le menu, sentant trop bien l'insuffisance d'un pâle récit, auquel tant de lecteurs déçus reprocheraient à bon droit de n'avoir point su rendre, de ces joutes passionnantes, l'intensité et la vie. Il nous suffira de dire leur ordonnance et de reproduire les comptes rendus des journaux sportifs et régionaux.

Mais, comme les souvenirs sont des images fugitives qui, peu à peu, se voilent et s'obscurcissent dans la courte mémoire des hommes, nous avons voulu éterniser ceux-ci en les mettant pour toujours sous les yeux. Nous avons donc réuni toute une série de photographies instantanées dont chacune est une phase et un document ; nous les dédions à tous les acteurs et à tous les spectateurs de ces trois journées; et ce sera le meilleur de ces pages : un exemple et une tradition.

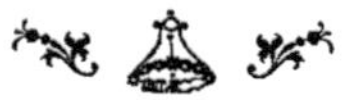

Championnats du Sud-Est

La grande semaine sportive débutait par les championnats du Sud-Est, constituant, pour notre région, le premier échelon à gravir en vue des épreuves suivantes. Nous ne nous étendrons pas sur cette journée dont le caractère relativement local, en restreint quelque peu l'intérêt. Voici en effet près d'un demi-siècle que, chaque année, les tireurs d'aviron mâconnais et avoisinants, se donnent rendez-vous sur nos eaux si propices, pour mesurer leur vigueur et fraterniser d'élan. « *Animis et lacertis* », c'est-à-dire : « *du cœur et des bras* », telle pourrait être à tous notre devise; et ceux-là seuls qui ont pratiqué la dure cadence de la rame, savent ce qu'il faut de souffle, de muscles, et d'énergique volonté, pour obtenir du corps l'effort le plus violent peut-être que puisse fournir, en un temps donné, la machine humaine. Là, la victoire n'est pas à celui qui tiendra le dernier quart-d'heure mais la dernière seconde même.

Nous avions donc coutume de nous asseoir annuellement sur nos rives et d'applaudir nos champions. Aussi, cette première journée avait-elle surtout pour attrait de reprendre une tradition suspendue depuis cinq ans par la guerre; et nous dirons seulement qu'elle fut favorisée par un temps idéalement beau, une rivière des plus calmes, sous les yeux d'un public plus nombreux et plus enthousiaste qu'à nos Régates habituelles. Les spectateurs — même les moins avertis — semblaient comprendre que ces épreuves préliminaires étaient en quelque sorte l'avant-garde des grandes joutes dont ils allaient sous peu être témoins. On pouvait d'ailleurs rencontrer, parmi la foule, quelques notabilités du Rowing Français accourues, dès la première heure, pour ne rien perdre de ces belles manifestations sportives.

Il ne nous appartient pas à nous de célébrer l'œuvre de la Société des Régates Mâconnaises, car on ne saurait être juge en sa propre cause. Mais la presse s'est plu à louer nos efforts en termes si élogieux que nous sommes fiers de les reproduire ici.

« Au point de vue organisation, écrit le *Lyon-Sport* à la date du 14 août, ce fut la perfection même : Vaste garage spécialement construit pour les embarcations des concurrents, douches, vestiaires, service de voitures automobiles, téléphone, etc. Il est impossible de faire mieux. »

Ces compliments, trop bienveillants peut-être, nous sont d'autant plus flatteurs qu'ils émanent de la plume d'un vrai sportif ; et, à ce titre, nous l'en remercions très sincèrement. Mais nous ne les conserverons point pour nous seuls. Nous les reporterons sur nos aînés; sur les ouvriers de la première heure, ceux dont nous n'avons fait que continuer l'œuvre, et dont nous sommes les fils reconnaissants. Nous entendons surtout les partager avec nos chers membres disparus de la grande guerre, avec cette vaillante jeunesse qui, posant l'aviron pour le fusil, mit au service de la patrie son apprentissage de la victoire et son rude entraînement. Dans cette glorieuse semaine où les Régates Mâconnaises ont été à l'honneur, elles n'ont garde d'oublier leur héroïque mémoire.

A midi, à l'Hôtel de l'Europe, un déjeuner intime, présidé par M. Wettengel, président de la Fédération Lyonnaise et du Sud-Est, entouré de M. le Préfet de Saône-et-Loire et de M. l'Adjoint au Maire de la Ville de Mâcon, réunissait une trentaine de convives, parmi lesquels les délégués de toutes les Sociétés du Sud-Est et les membres du Conseil d'Administration des Régates Mâconnaises. L'absence de tout caractère officiel donnait à cette réunion une cordialité particulière et une franchise d'excellent augure.

A deux heures moins quelques minutes, M. le Préfet Lamy-Boisroziers donnait le signal du départ, ne voulant point, en fervent du Rowing, manquer la première arrivée.

Les tribunes, quoique spacieuses, étaient insuffisantes déjà pour contenir l'élégante foule qui s'y pressait et commençait à s'étager sur la descente du bas-port.

A deux heures exactement, un coup de cloche annonçait le départ. « Les courses furent des plus intéressantes ; certaines arrivées palpitantes ; et, grâce à l'aménagement du bassin parfaitement préparé et balisé, les luttes furent toutes de la plus parfaite régularité [1]. »

La Fédération Lyonnaise et du Sud-Est se trouvait représentée pour cette journée presque au complet par les 10 sociétés suivantes :

Club nautique d'Aix-les-Bains,
Rowing-Club d'Aix-les-Bains,
Sport nautique Bisontin,

1. *Lyon Sport* du 14 août.

Régates Chalonnaises,
Cercle de l'Aviron de Lyon,
Club nautique de Lyon.
Union nautique de Lyon.
Club nautique de Roanne,
Union nautique de Villefranche,
Régates Mâconnaises.

Le programme des championnats était renforcé par plusieurs autres épreuves. Voici les résultats officiels :

Course A. — Championnat. — Quatre rameurs en pointe avec barreur.

1º *Union nautique de Lyon* (Benoît, Bailly, Berthéas, Touchebœuf) ;
2º *Cercle de l'Aviron de Lyon* (Favre, Siwitz, F. Dugourd, J. Dugourd) ;
3º *Régates Mâconnaises* (Fournier, Charvet, Forest, Morier).

L'équipe senior de l'*Union* gagne d'une demi-longueur, après une lutte splendide avec la belle équipe du *Cercle*.

Course B. — Éliminatoire de la coupe Glandaz.

Quatre rameurs en pointe débutants. — 9 partants.

1º *Union nautique de Villefranche* (Dodille, Pouillet, Béroujon, Giraud) ;
2º *Rowing-Club d'Aix-les-Bains* (Massonat, Thonin, Jeandet, Perroux) ;
3º *Club nautique de Roanne* (Fonteix, Guillet, Rouchoir, Papin) ;
4º *Régates Mâconnaises* (Gallay, Mantoux, Armand, Millet).

Belle course de la jeune équipe caladoise qui affirme sa supériorité dans cette série.

Course C. — Championnat. — Un rameur (skiff).

1º *Union nautique de Villefranche* (Dupré) ;
2º *Club nautique d'Aix-les-Bains* (Grobert) ;
3º *Rowing-club d'Aix-les-Bains* (Notari).

L'ancien champion de France en couple gagne facilement.

Course D. — Championnat. — Périssoire.

1º *Régates Mâconnaises* (Guyonnet) ;
2º *Cercle de l'Aviron de Lyon* (Leford).

Facile victoire du jeune Mâconnais dont le brio dans cette difficile embarcation est très admiré.

COURSE E. — Championnat. — ·Deux rameurs en pointe avec barreu.·

1º *Union nautique de Villefranche* (Châtelet, Dumoulin) ;
2º *Cercle de l'Aviron de Lyon.*

Supériorité indiscutable des seniors, assez sages pour ne pas trop distancer leurs camarades, qui ont pris le départ afin de donner à la course un semblant d'intérêt.

COURSE F. — Course d'honneur. — Un rameur junior (skiff).

1º *Club nautique d'Aix-les-Bains* (Grobert) ;
2º *Union nautique de Villefranche* (Sanlaville).

Le fougueux Aixois termine admirablement devant le Caladois qui tenait la tête aux 1.500 m.

COURSE G. — Coupe de la Saône. — Éliminatoires. — 8 rameurs, yole de mer.

1º *Régates Chalonnaises* (Boivin, Dufour, Patricot, Marceau, Poirier, Midet, Vouillon, Pringuet) ;

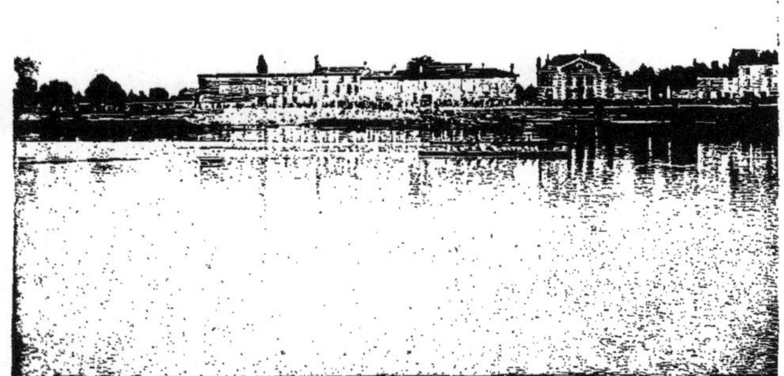

Coupe de la Saône - *Huit rameurs en pointe débutants, Yole de mer*

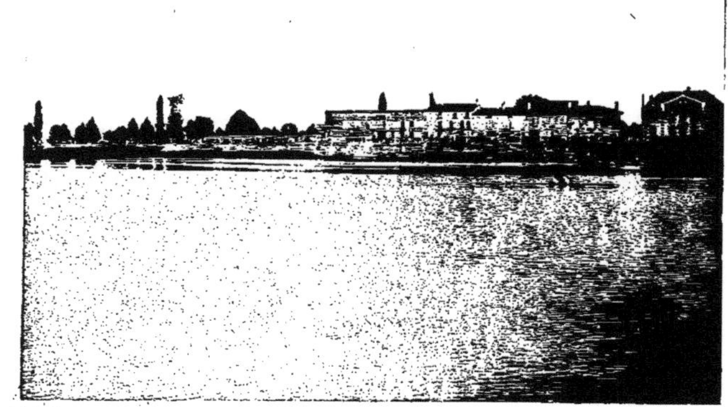

Championnat de France - *Deux rameurs de couple*

2° *Régates Mâconnaises* (Girodon, Jantzen, Gallay, Mantoux, Armand, Millet, Brouillard, Goyon).

Une des plus belles luttes de la journée. Après un bord à bord de tout le parcours, la jeune équipe chalonnaise bat sa rivale sur le poteau, et de 0,50 cent. à peine.

COURSE H. — Course d'honneur. — Un rameur (skiff débutant).

1° *Union nautique de Villefranche* (Schlinger) ;
2° *Union nautique de Lyon* (Monternier) ;
3° *Régates chalonnaises* (Basset).

Belle course du jeune rameur de Villefranche.

COURSE I. — Championnat. — 8 rameurs en pointe avec barreur.

1° *Union nautique de Lyon* et *Union nautique de Villefranche*, équipe mixte (Châtelet, Dumoulin, Benoît, Bailly, Berthoux, Laroche, Berthéas, Touchebœuf) ;
2° *Cercle de l'Aviron de Lyon* (Favre, Burdin, Coke, Siwitz, J. Dugourd, Bonnefond, F. Dugourd, Parker).

C'était la grande épreuve de la journée impatiemment attendue par tous les rowingmen.
L'équipe mixte arrive première de trois quarts de longueur environ, après une lutte des plus sévères avec la belle équipe du *Cercle*.

En résumé, les Sociétés désignées pour représenter la Fédération lyonnaise et du Sud-Est aux Championnats de France qui allaient se courir le vendredi 13 août, étaient les suivantes :

Quatre rameurs de pointe : *Union nautique de Lyon.*
Skiff : *Union nautique de Villefranche.*
Périssoire : *Régates Mâconnaises.*
Deux rameurs de pointe : *Union nautique de Villefranche.*
Huit rameurs de pointe : *Union nautique de Lyon* et *Union nautique de Villefranche* (équipe mixte).
Coupe Glandaz : *Union nautique de Villefranche.*

La première journée se terminait exactement à l'heure prévue par le programme et sans le plus léger incident.
La grande semaine débutait bien : c'était une joie pour notre société.

Championnats de France

Le lendemain de cette première série d'épreuves, la ville semblait avoir repris son calme coutumier, et, sans quelques autos affairées, au fanion noir et or, parcourant les rues, sans quelques embarcations plus nombreuses qu'à l'ordinaire sillonnant la Saône tranquille devant les curieux échelonnés sur les quais, jamais la physionomie de la ville n'eût laissé croire qu'on était à la veille des championnats.

Cependant, au matin, on pouvait voir des groupes se former devant une affiche blanche, c'est-à-dire « officielle ». C'était une adresse à la population de M. le Maire de Mâcon, dont nous croyons devoir, à titre documentaire, reproduire certains passages.

« Le Comité spécial des Fêtes et la Société des Régates Mâconnaises rivalisent d'ardeur pour donner aux championnats internationaux d'aviron un éclat et un entrain dignes du bon renom de notre Cité.

« Le Conseil municipal, la presse locale et régionale, et l'opinion publique tout entière, soutiennent et encouragent ces efforts. Favorisés par le temps, ils ne peuvent manquer d'aboutir à d'heureux résultats.

« Mais il faut ici que l'initiative privée vienne en aide aux hommes d'action qui, par dévouement, ont bien voulu se charger de cette lourde tâche. Pour recevoir dignement les nombreux
étrangers qui nous feront l'honneur d'être nos hôtes, Mâcon doit revêtir ses habits de gala.
Le Maire fait donc un pressant appel à tous les habitants de Mâcon pour décorer, pavoiser,
illuminer brillamment les édifices, maisons, rues et places de la ville. Que des Comités se
forment dans tous les quartiers pour stimuler et seconder le zèle individuel et maintenir
à notre chère cité sa traditionnelle réputation de bon goût et d'accueillante hospitalité. »

Et de fait, les Mâconnais ne restèrent pas sourds à l'appel de la Municipalité. Dès le jeudi
matin, on confectionne des guirlandes, on plante des sapins que de fines mains fleurissent,
on monte des échafaudages, on édifie des arcs de triomphe, le tout avec une hâte fébrile et
l'encouragement d'un ciel clair et prometteur de soleil !

Le soir les rues sont méconnaissables ; on circule sous de véritables allées de verdure déco-
rées, dont plusieurs avec un goût parfait, comme en témoignent les quelques photographies ici reproduites.

Les rues de la Barre, Philibert-Laguiche, de Saône, Carnot, notamment, offrent aux yeux
un décor des plus pittoresques, ornées du symbole des journées à venir : une yole et une
ancre marine aux couleurs de la Société.

A huit heures du soir, comme aux jours de fête, la foule dévalant par toutes les petites
artères, s'amasse compacte sur le quai Sud, d'où va partir la retraite aux flambeaux.

Le vieil hôtel des Comtes de Montrevel, devenu l'Hôtel de Ville, ruisselle sous les lumières ;
et, tout à coup, comme par un coup de baguette magique, la promenade du quai s'illumine

de milliers d'ampoules électriques formant, sous les vieux platanes, de longues voûtes harmonieuses.

C'est le prélude de la journée des Championnats de France.

Celle-ci commença de bonne heure, dans le magnifique salon des mariages, par une séance du Congrès de la Fédération Française, sous la présidence de M. Wettengel, vice-président de la Fédération Française et délégué par M. Glandaz, président. Tous les représentants officiels des différentes Fédérations y assistaient, et avec eux quelques notabilités du Rowing : MM. Dorn, Maréchal, Ternisien, Toulot, Lescurot, etc., ainsi que M. le Comte Vialardi di Verone représentant la Fédération internationale des Sociétés d'aviron.

On y traita des questions générales d'ordre sportif et relatives aux épreuves qui allaient se courir.

A midi, un déjeuner offert par les Régates Mâconnaises réunit à l'Hôtel de l'Europe les délégués officiels, sous la présidence de M. Wettengel, assisté de M. le Préfet et de M. le Maire, et de diverses personnalités de la ville : déjeuner cordial, coupé de toasts très brefs, car il n'y avait pas de temps à perdre en paroles, pour grouper, avant l'heure fixée, les membres du Jury.

Déjà une foule considérable avait devancé l'arrivée du cortège officiel. Et c'était un spectacle unique de voir, de la tribune du Jury, cette grappe humaine compacte et bigarrée, qui allait s'étageant à l'infini, comme en donnent une très exacte idée nos photographies.

A deux heures précises, un coup de canon lointain retentit, suivi d'un coup de cloche ; un brouhaha indescriptible se produit dans la foule ; le départ est donné : l'émotion commence.

Il y avait lieu d'être ému : les 27 sociétés dont les noms suivent, sociétés représentant 7 Fédérations, étaient inscrites au programme et prenaient réellement part aux épreuves.

Société nautique de Tours, Société nautique du Loiret Orléans.

Nord : Quatre.

Union nautique de Calais; Sport nautique de Dunkerque ; Sport nautique d'Abbeville ; Sport nautique d'Amiens.

Région parisienne : Cinq.

Société nautique de la Marne ; Société de la Haute-Seine ; Etoile nautique de l'Oise (Creil); Société d'encouragement Paris ; Société de la Basse-Seine.

Nord-Ouest : Trois.

Club nautique de Rouen ; Régates rouennaises ; Club nautique de Dieppe.

Sud-Ouest : Cinq.

Aviron Bayonnais ; Aviron Cadurcien (Cahors) ; Aviron Marmandais ; Sport nautique de Bergerac ; Société nautique de Bayonne.

Nord-Est : Quatre.

Strasbourg (Rowing-Club) ; Sport nautique de Nancy ; Strasbourg (Sport-club) ; Sport nautique de la Meurthe (Nancy).

Sᴜᴅ-Esᴛ : Quatre.

Union nautique de Lyon ; *Union nautique de Villefranche* ; *Club nautique d'Aix-les-Bains* ; *Régates Mâconnaises.*

Voici les résultats officiels donnés par la Fédération française de cette journée des Championnats de France :

CHAMPIONNATS DE FRANCE
13 AOUT 1920

Cʜᴀᴍᴘɪᴏɴɴᴀᴛ ᴅᴇ Fʀᴀɴᴄᴇ. — Quatre rameurs en pointe avec barreur.

Sept partants.

1º *Club nautique de Rouen* (Testut ; Morel ; Dussy ; Fumagali). **Fédération du Nord-Ouest.**
2º *Aviron Bayonnais* (Laurent et Louis Laffitte, Elichagaray, Alvarez). **Fédération du Sud-Ouest.**
3º *Société nautique de la Marne* (Gremnitz, Gault, Combarieu, Rustant). **Fédération de la Région parisienne.**

La lutte est très vive entre les deux premiers. Rouen ne prend l'avantage que dans les derniers 400 mètres. La Marne, revenue très fort sur la fin, termine engagée avec Bayonne, belle seconde.

COUPE DE FRANCE (Prix Glandaz). — Quatre rameurs en pointe débutants. Yole de mer.

Six partants.

1° *Union nautique de Villefranche* (Dodille, Pouillet jeune, Béroujon, Giraud). **Fédération du Sud-Est.**

2° *Sporting Dunkerquois* (Lefebvre, Bossaert, Boiron, Bossaert). **Fédération du Nord.**

3° *Société nautique de la Haute-Seine* (Revillon, Levasseur, Coppin, Lapreuvotte). **Fédération parisienne.**

L'équipe de Villefranche, par sa vigueur et son courage, triomphe du style remarquable de l'équipe de la Haute-Seine, qui, sur la ligne d'arrivée, se laisse prendre la seconde place par Dunkerque.

CHAMPIONNAT DE FRANCE. — Un rameur (skiff).

Six partants.

1° *Société nautique de la Marne* (Giran). **Région parisienne.**

2° *Union nautique de Villefranche* (Dupré). **Région du Sud-Est.**

3° *Club nautique de Rouen* (Testut). **Région du Nord-Ouest.**

4° *Aviron Marmandais* (Dupont). **Région du Sud-Ouest.**

Dupré supplée à son manque de taille et de poids par un style impeccable et une très

— 24 —

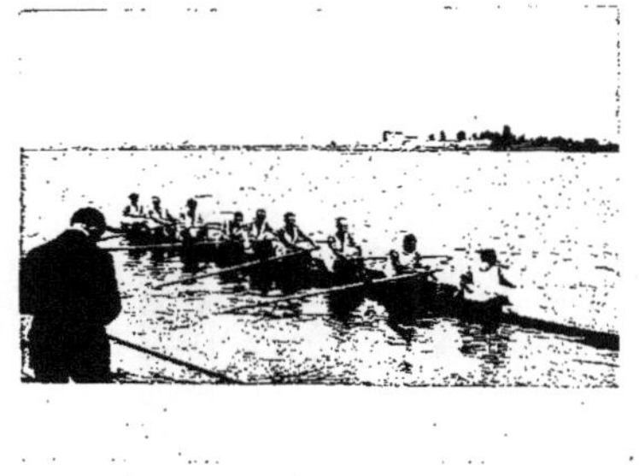 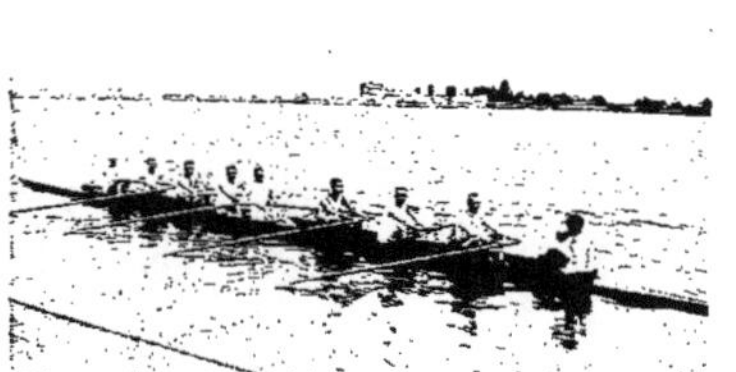

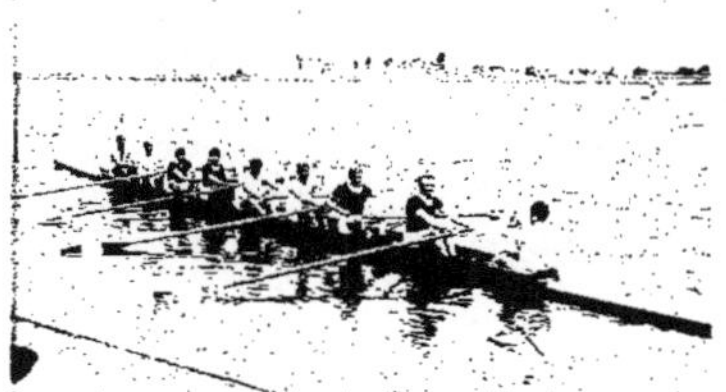 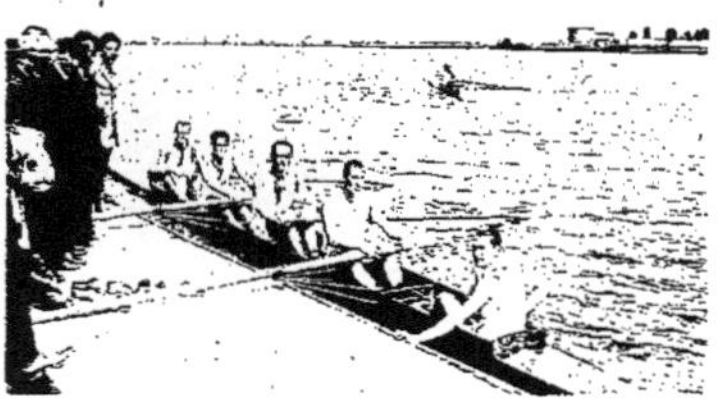

Équipes se rendant au départ

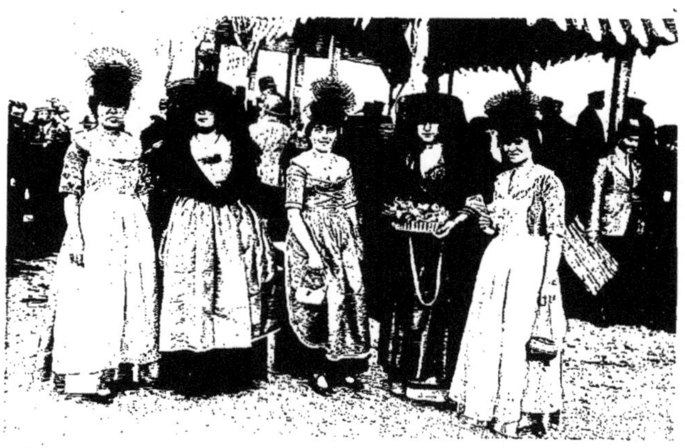

Mâconnaises et Bressanes en costume du temps

grande volonté. Il oblige Giran à s'employer. Ce dernier néanmoins gagne nettement. Testut, insuffisamment préparé en skiff, suit péniblement le train et finit à trois longueurs.

CHAMPIONNAT DE FRANCE. — Périssoire.

Trois partants.

1° *Régates mâconnaises* (Guyonnet). **Région du Sud-Est.**
2° *Club nautique Dieppois* (Hérault). **Région du Nord-Ouest.**

Grosse supériorité du jeune Mâconnais (17 ans) ; il n'est inquiété à aucun moment.

CHAMPIONNAT DE FRANCE. — Deux rameurs en pointe avec barreur.

Cinq partants.

1° *Société nautique de la Marne* (Poix, Bouton). **Région parisienne.**
2° *Union nautique de Calais* (P. Delobel, Joan). **Fédération du Nord.**
3° *Sport nautique de Bergerac* (Lafon, Marsalet). **Fédération du Sud-Ouest.**

L'équipe parisienne, tenante du Championnat depuis 1913, gagne facilement. Son succès est de bon augure pour le Championnat d'Europe.

Coupe d'honneur. — Un rameur skiff junior.

Cinq partants.

1º *Société d'encouragement du sport nautique* (Couturier). **Région parisienne.**
2º *Club nautique d'Aix-les-Bains* (Grobert). **Région du Sud-Est.**
3º *Sport nautique de la Meurthe, Nancy* (Gorlacher). **Région du Nord-Est.**

Match entre Couturier et Grobert : ce dernier, malgré son courage, doit s'incliner devant le style du sculler Parisien. Les autres finissent loin.

Coupe de la Saone (Prix des anciens rameurs).

Huit rameurs en pointe débutants. Yole de mer.

Trois partants.

1º *Union nautique de Villefranche* (Dodille, Pouillet, Beroujon, Giraud) ; *Rowing-club Aixois* (Marsonnat, Thonin, Jeandet, Perroud).

2º *Société nautique de la Haute-Seine* (Revillon, Lapreuvotte, Coppin, Vasseur, Cadot, Frisch, Peyronnet de Tours, Bisson).

3º *Régates Mâconnaises* (Girodon, Jantzen, Gallay, Mantoux, Armand, Millet, Brouillard, Goyon).

Course très disputée sur tout le parcours. La lutte fut vive entre les deux premiers. L'équipe mixte l'emporte de très peu sur le huit parisien, favori.

— 26 —

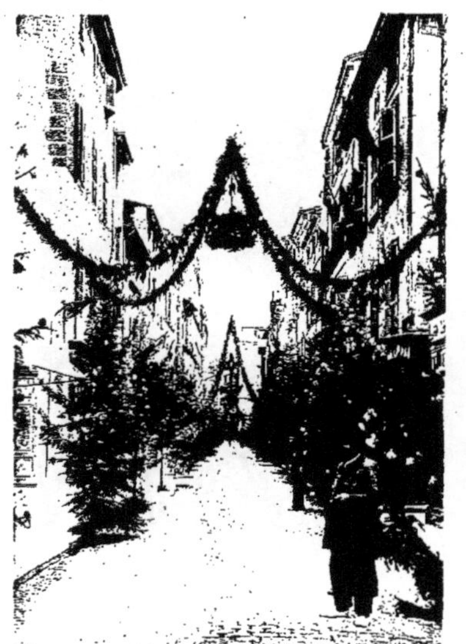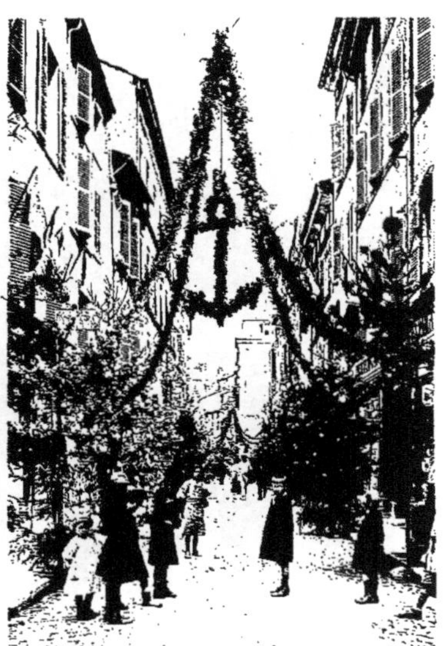

Décorations de la Ville - La rue Carnot

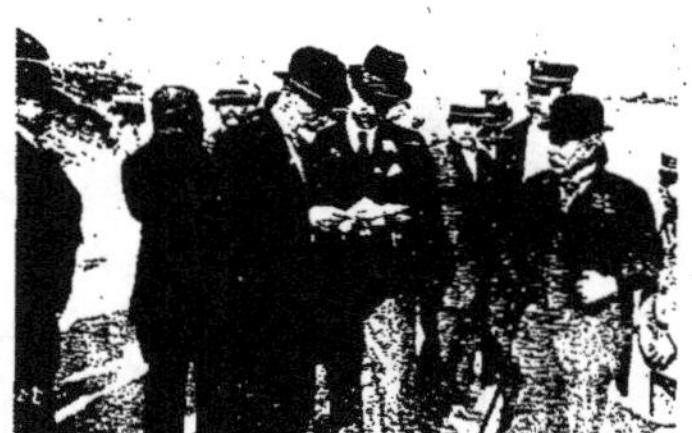
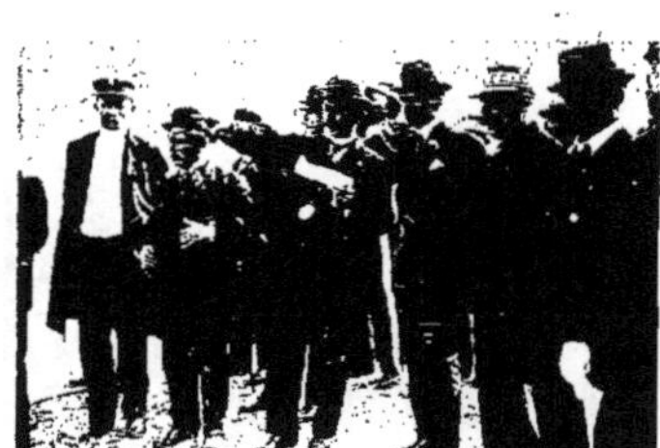

Les officiels devant le Jury

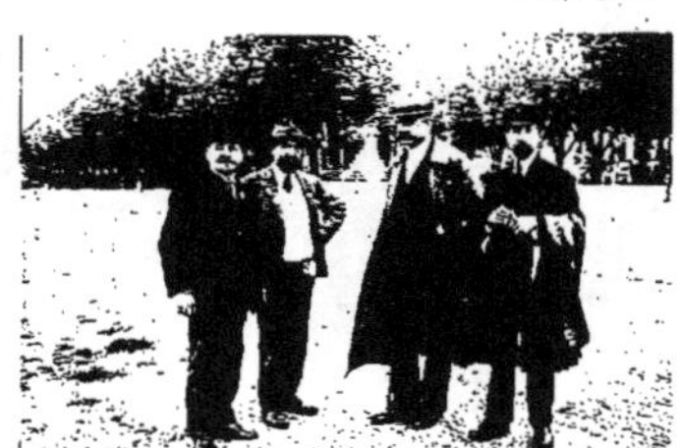
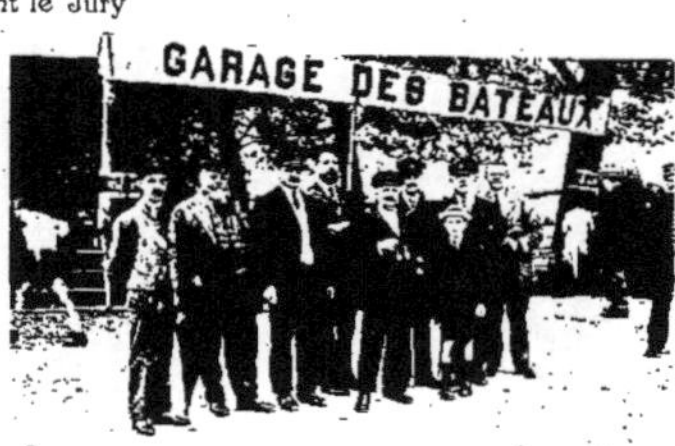

Groupes de sportsmans

Championnat de France. — Deux rameurs. — Armement libre.

Trois partants.

1º *Société nautique de la Marne* (Plé, Giran). **Fédération de la Région parisienne.**
2º *Union nautique de Villefranche* (Dupré, Sanlaville). **Fédération du Sud-Est.**
3º *Sport nautique d'Abbeville* (E. Beurrier, Tirmont). **Fédération du Nord.**

La Marne très supérieure gagne frès facilement. Abbeville, loin.

Coupe d'honneur. — Un rameur skiff débutant.

Trois partants.

1º *Société nautique de la Marne* (Lalaurette). **Région parisienne.**
2º *Union nautique de Villefranche* (Schlinger). **Région du Sud-Est.**
3º *Sport nautique de la Meurthe* (Poirel). **Région du Nord-Est.**

Belle course du débutant parisien, qui est très supérieur et n'est inquiété à aucun instant.

Quatre rameurs. — Yole de mer.

Ecole normale de Joinville (Demaré, Lancelot, Stock, Girard).

Row-Over de la belle équipe de Joinville.

Championnat de France. — Huit rameurs en pointe avec barreur.

Huit partants.

1º Equipe mixte de l'*Union nautique de Lyon* et de l'*Union nautique de Villefranche*(Châtelet, Dumoulin, Benoît, Bailly, Berthoux, Laroche, Berthéas, Touchebœuf).

2º *Cercle de l'aviron de Strasbourg* (Diebold, Hahn, Grossmann, Pleig, Berbenes, Pleig, Schlewer, Ruhlmann).

3º *Union nautique de Calais* (H. Delobel, Aubert, Mangey, Dutartre, P. Delobel, Joan, Pillet, Vanderwal).

4º *Société nautique de la Basse-Seine* (Marcel Louis, Boilloz, Franck, Hargès, Guesnu, Charpillon, Schlutz, Couilbaud).

Course magnifique, disputée de bout en bout par huit équipes de valeur. A cinq cents mètres, elles sont toutes ensemble ; chacune est encouragée de la berge par ses partisans, qu'emballe une lutte aussi émotionnante. Le *Cercle de l'Aviron de Strasbourg* passela ligne d'arrivée le premier, suivi à 50 centimètres par l'équipe mixte *Lyon-Villefranche.*

Les autres suivent à même distance.

. Après la course, à la suite d'une réclamation concernant le poids du barreur de Strasbourg, il fut décidé de faire disputer le lendemain, entre les deux premiers, le titre de Champion de France.

Cette reprise eut lieu sous la pluie.

La lutte entre les deux équipes sensiblement égales fut des plus serrées.

L'équipe mixte l'emporta cette fois de 50 centimètres sur les Strasbourgeois.

Une belle ovation faite aux vainqueurs, et aussi aux glorieux vaincus, montra combien l'Aviron français était heureux de les retrouver dans son sein après 48 ans de séparation.

Les Sociétés suivantes se trouvaient donc désignées pour défendre les trois couleurs aux Championnats d'Europe :

Quatre rameurs de pointe avec barreur : *Club nautique de Rouen.*

Un rameur (skiff) : *Société nautique de la Marne.*

Deux rameurs en pointe avec barreur : *Société nautique de la Marne.*

Deux rameurs en couple : *Société nautique de la Marne.*

Huit rameurs en pointe avec barreur : *Union nautique de Lyon* et *Union nautique de Villefranche* (équipe mixte).

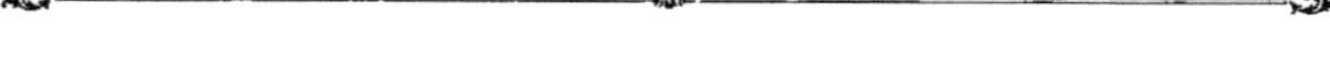

De même que pour les Championnats du Sud-Est, sauf la réclamation concernant la course à huit, il n'y eut aucun incident, et, les juges-arbitres, dont les instructions étaient formelles, n'eurent point, à leur plus grande satisfaction, à user de leur autorité.

Cette dernière course, avec 8 huit en ligne, et se tenant de près, avait causé dans la foule un enthousiasme et une impression indescriptibles. Et le public plein d'entrain s'écoulait lentement du champ de course, en mêlant ses ovations aux hourrahs des équipiers dont les couleurs bigarrées ajoutaient une note particulière de gaîté à ce tableau saisissant.

A 8 h. 30, l'Harmonie municipale donnait un remarquable concert sur la promenade du quai Sud, féeriquement illuminée comme la veille, et la foule joyeuse poursuivait tard dans la nuit, par une bataille de confettis et un bal champêtre endiablés, ses réjouissances sous une poussière d'or.

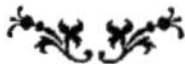

Le samedi 14 fut un jour de repos pour les équipiers, pour le public, pour les organisateurs, mais une journée grise et maussade, qui incitait à rester chez soi et contrariait les excursions projetées aux alentours par les étrangers, hôtes de notre ville. La Société des Régates Mâconnaises, voulant mettre à profit les quelques heures de calme précédant le « grand jour », avait organisé, pour les représentants de la presse parisienne et régionale, une randonnée en auto-

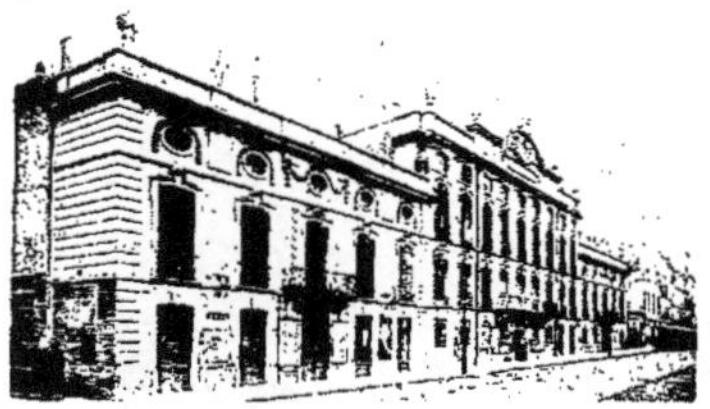

L'Hôtel de Ville

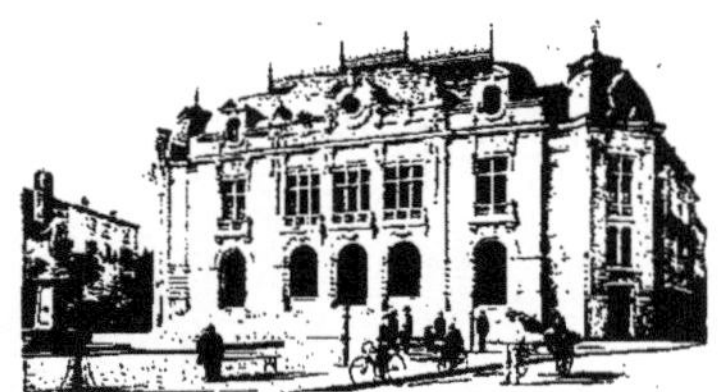

La Chambre de Commerce

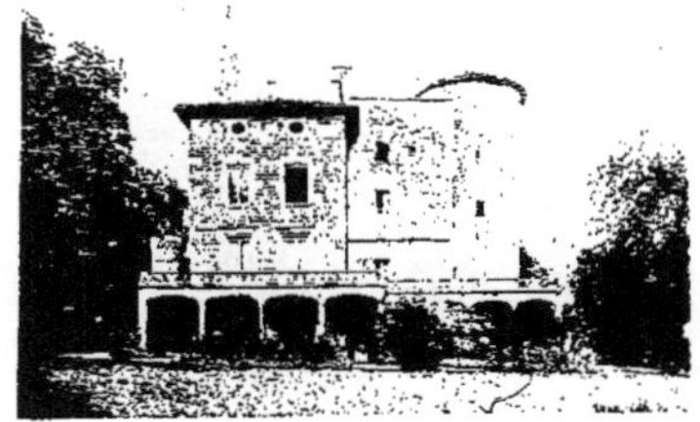

Saint-Point - Le Château de Lamartine

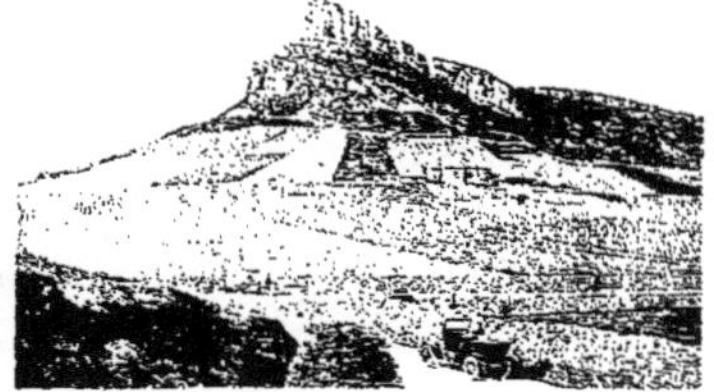

La station préhistorique de *Solutré*, près Mâcon

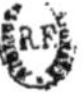

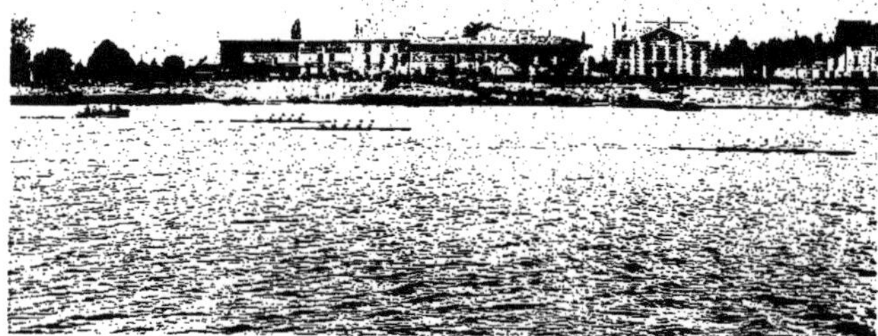

Championnat d'Europe - *Quatre rameurs*

car dans notre pittoresque et trop ignoré Mâconnais. Par malheur, le ciel sombre, les nuages bas, l'horizon pluvieux embrumaient les collines, et de froides ondées intermittentes balayaient tristement le paysage. Il fallut suppléer par des descriptions enthousiastes à ce qu'on ne voyait pas. Seules les vallées de la Grosne, de Bussières, de Pierreclos, avec leurs vieux châteaux, purent offrir une surprise agréable à la déception de nos visiteurs. Toutefois le retour à Mâcon, par le col de la Grange-du-Bois et Solutré, ce joyau de notre région, allait, grâce à un heureux hasard, dédommager leurs yeux demeurés un peu sceptiques aux beautés tant vantées par l'orgueil local.

Alors que chacun se lamentait d'être perdu dans les brumes, un coup de vent furieux nettoya l'air et fit apparaître un instant l'éperon menaçant de la roche, comme un gigantesque cuirassé à l'ancre tournant sa proue contre la tempête. Ce ne fut qu'une vision rapide, mais tous en demeurèrent interdits ! Qu'eussent-ils dit, si leur vue eût plané, comme elle le fait trois cents jours de l'année, jusqu'aux Alpes, par-dessus la Bresse et le Jura? Mais qu'importe? quelques heures plus tard, le vin blanc de Solutré réchauffait les cœurs et ranimait les conversations refroidies par les averses.

L'après-midi se passa dans la même alternative d'ondées et de coups de soleil. Les réjouissances organisées, joutes, courses à la nage, n'eurent pas le succès attendu. Toutefois, le bruit s'étant vite répandu dans la ville que le match Strasbourg-Lyon devait se courir à nouveau, de nombreux spectateurs, sous une pluie battante, se rendirent au bassin des Championnats pour assister à la remarquable lutte que nous avons relatée plus haut dans le compte rendu officiel.

Le soir, à 8 h. 1/2, après quelques instants d'indécision où l'on avait pu craindre que l'intempérie obligeât la musique des Équipages de la Flotte à donner son concert tant attendu, non plus sous le kiosque municipal, mais dans la salle des Fêtes et devant un public forcément restreint, le temps s'éclaircit heureusement ; et ces artistes, rivaux de talent avec ceux de la Garde Républicaine, acclamés par les vivats de la foule, attaquèrent, pour plusieurs milliers d'auditeurs, l'ouverture si brillante et si française de *Carmen*, au milieu d'une ovation frénétique.

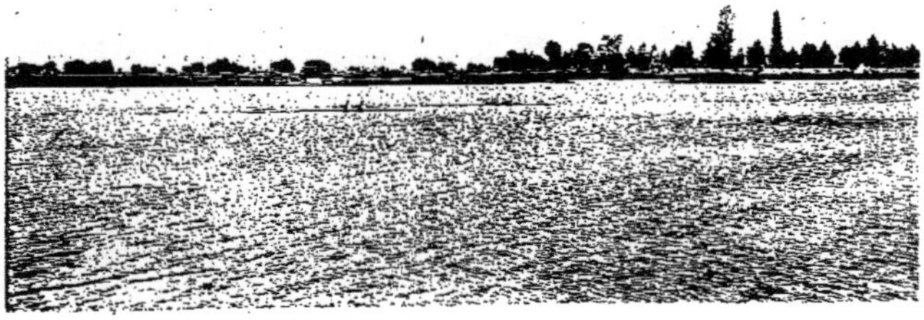

Championnat d'Europe - *Deux rameurs en couple* - En pleine course

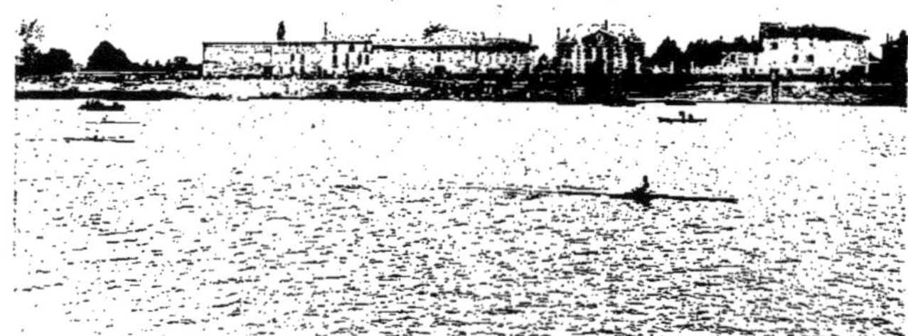

Championnat d'Europe - *Skiff*

Championnats d'Europe

Les décorations des rues n'avaient pas trop souffert de la pluie malencontreuse de la veille, et le lendemain, un bienveillant soleil vint réchauffer les fleurs un peu endolories dans leurs guirlandes de buis. La ville prit vite son plus grand air de fête. Il y avait de quoi : outres les manifestations sportives annoncées, M. Landry, ministre de la Marine, était arrivé au matin. A peine lui laissait-on le temps de prendre quelque repos : une tournée automobile, particulièrement intéressante, l'emmenait aussitôt explorer le Mâconnais et le Clunysois avec tout un cortège de personnalités officielles : Préfet, Maire, Députés et Sénateurs de Saône-et-Loire, conseillers généraux, notabilités mâconnaises. Après une visite détaillée de la ville de Cluny, que l'Abbaye mutilée protège encore de ses merveilleuses tours romanes, l'excursion se poursuivait par un pèlerinage au château Lamartine à Saint-Point, dont M. le Comte de Noblet fit aimablement les honneurs; puis elle escaladait les coteaux de Tramayes, et, plus favorisée que celle de la veille, regagnait par Solutré la vallée de la Saône et Mâcon, sous un ciel devenu serein.

A midi, devant la Chambre de Commerce, M. le Ministre, encore sous le charme de la visite qu'il venait de faire, et qui avait un intérêt tout particulier pour un fin lettré tel que lui, recevait une gerbe de fleurs des mains gracieuses d'un groupe de jeunes filles, messagères de notre Cité.

Quelques instants plus tard, un déjeuner tout intime réunissait autour de lui une vingtaine de convives.

Pendant ce temps, les sportifs travaillaient. Après le Congrès de la Fédération internationale des Sociétés d'aviron, qui eut lieu à l'hôtel de ville, un déjeuner officiel était offert à l'Hôtel de l'Europe par la Société des Régates Mâconnaises aux délégués des Fédérations internationale et française, sous la présidence de M. Wettengel, remplaçant M. Glandaz, président de la Fédération française.

A deux heures exactement, M. le Ministre quittait l'Hôtel de la Chambre de Commerce pour rejoindre, sur le quai du Breuil, les officiels du Rowing.

Décrire l'aspect du bassin où vont évoluer les concurrents n'est pas chose facile. La foule est énorme, les tribunes ont été littéralement prises d'assaut, les chaises occupées en quelques instants ; et la masse des spectateurs installés moins confortablement sur les bas-ports et les escaliers descendant jusqu'à la Saône, donnent un spectacle des plus pittoresque de ces deux rives disparues sous un flot humain, que les pavillons et oriflammes aux mille couleurs flottant au vent semblent rendre plus mouvant encore.

Dans la tribune d'honneur, à côté du Ministre, nous remarquons M. le Préfet ; M. Lavau, député, maire de Mâcon ; M. Richard, sénateur, président du conseil général ; MM. Desgranges et Gerbe, sénateurs ; MM. Cordelle, Faisant, Poncet, Simyan et Tisseyre, députés; MM. du Teil, Pelletier, Robin-Perrier, Gailleton, Bourgeois (de Louhans), Caucal, Valéry-

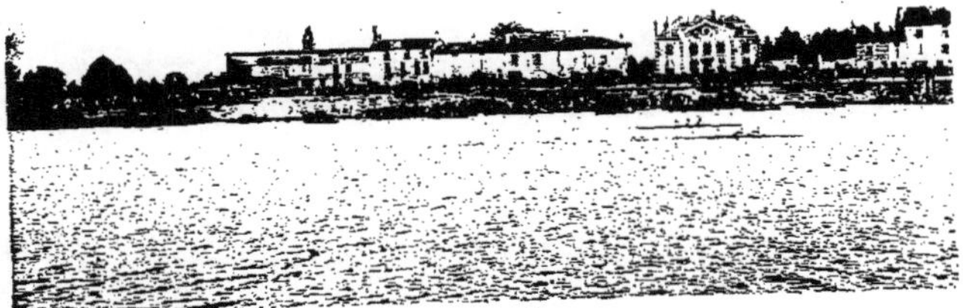

Championnat d'Europe — *Deux rameurs en pointe*

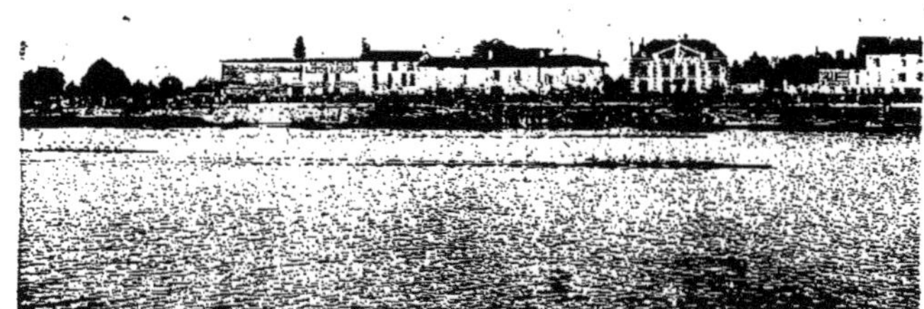

Course Intercalaire - *Huit rameurs*

Collet, Siraud, conseillers généraux ; M. Surchamp, secrétaire général de la Préfecture; les sous-préfets de Chalon, d'Autun, de Charolles et de Louhans; les conseillers de Préfecture ; M. Jeanton, procureur de la République ; MM. Bertrand et Merle, adjoints, etc.

M. Boullay, président des Régates Mâconnaises et du Comité des Fêtes, entouré de tout son conseil et des délégués officiels du Rowing, fait les honneurs de « sa maison » avec son zèle inlassable et sa bonne grâce accueillante. Une charmante surprise était offerte à M. le Ministre. Un groupe de cinq jeunes filles de notre ville, revêtues des costumes authentiques du Mâconnais et de la Bresse, vendaient de petites fleurs au profit du Monument aux Morts. Ce gracieux tableau, dont les photographies ne donnent qu'une idée imparfaite, évoluait aimablement sous les yeux à la fois étonnés et curieux de la foule bienveillante. C'est grâce aux richesses d'un collectionneur averti, M. Perrin de Puycousin, qui avait généreusement prêté ces costumes, que nous avons pu faire revivre quelques instants des coutumes locales qui ne seront bientôt plus que des souvenirs.

Mais ne nous laissons pas égarer hors de notre sujet.

A deux heures précises, le coup de canon traditionnel annonçait le premier départ des Championnats d'Europe. Chacun était à son poste. Un délicieux canot automobile, celui de M. le docteur Coste-Labaume, pilotait les juges-arbitres, et la foule attendait anxieuse et enthousiaste.

Nous publions intégralement les résultats officiels de cette importante journée où se trouvaient représentées les nations amies : la Belgique, l'Italie, la Suisse et la France, et où plusieurs courses intercalaires ajoutaient encore à l'intérêt.

CHAMPIONNATS D'EUROPE
15 AOUT 1920

Championnat d'Europe (*Prix de France*). — Quatre rameurs en pointe
avec barreur.

1º **SUISSE**, *Grasshopper*, *Club de Zurich* (Hans Walter, M. H. Rudolf, W. Brüderlin,
Pl. Rudolf).

2º **BELGIQUE**, *Royal Club nautique de Gand* (Van Silphout, J. Bekaert, O. D'Hondt, A.
E. Demulder).

3º **FRANCE**, *Club nautique de Rouen* (Testut, Morel, Dussy, Fumagali).

Supériorité indiscutable de l'équipe suisse qui prend la tête à 1.500 mètres et gagne de
plusieurs longueurs.

Championnat d'Europe (*Prix de la Belgique*). — Un rameur skiff.

1º **SUISSE**, Schmid, du *See Club de Zurich*.

2º **ITALIE**, Di Vaio Giovanni, de l'*Armida Torino*.

3º **BELGIQUE**, Haller, du *Royal Club nautique de Gand*.

Le sculler suisse a mené la course de bout en bout et a gagné dans un fort beau style.

Championnat d'Europe (*Prix de l'Adriatique*). — Deux rameurs en pointe
avec barreur.

1º **FRANCE**, *Société nautique de la Marne* (Poix, Bouton).
2º **SUISSE**, *Société nautique de Genève* (Candeveau, Felber).
3º **BELGIQUE**, *Société Royale du sport nautique de Gand* (Van den Bossche G., van den Bossche O.).

Lutte splendide, où la France ne prend le meilleur que vers la fin.

Championnat d'Europe (*Prix de la Suisse*). — Deux rameurs en couple
(double scull) sans barreur.

1º **FRANCE**, *Société nautique de la Marne* (Plé et Giran).
2º **SUISSE**, *See Club de Bienne* (Walter W. et Schöchlin).
3º **BELGIQUE**, *Royal Club de Sambre-et-Meuse, Namur* (Denis, Wilbrand).

Bord à bord presque absolu, pendant la plus grand partie du concours entre la France et la Suisse. Sur la fin l'équipe française se détache nettement et gagne d'une longueur.

1º **SUISSE**, *Grasshopper Club de Zurich* (Dr. Walter, Dr. M. H. Rudolf, W. Brüderlin, P. E. Rudolf, Roesli, Ch. F. Türler, Ch. Freuler, R. Bosshard).

2º **BELGIQUE**, *Cercle des Régates de Bruxelles* (Clarembaux, D. Hermans, H. Lalemand, K. Smet, Ch. Demulder, G. Taymans, R. Crick, J. Requilé).

3º **ITALIE**, *Société Canotterie Lario de Côme* (De Col Guiseppe, Bernasconi, Carlo Caserati, Pessina Ambrogio, Porta Paolino, Natella Edverdo, Malinverno Enzo, Majelli Angelo).

4º **FRANCE**, *Union nautique de Lyon* et *Union nautique de Villefranche* (Châtelet, Dumoulin, Benoît, Bailly, Berthoux, Laroche, Berthéas, Touchebœuf).

Jusqu'à 1.000 mètres, la course est indécise entre les 4 équipes. A cette distance, la Suisse commence à se détacher irrésistiblement ; à 1.600 mètres, la Belgique parvient, elle aussi, à se détacher. Sur la ligne d'arrivée, l'équipe française se fait battre par l'équipe d'Italie.

***

Parmi les courses intercalaires, il convient de retenir surtout celle de quatre rameurs débutants, en yole de mer, que les Régates Mâconnaises enlevèrent en un beau style et celle à

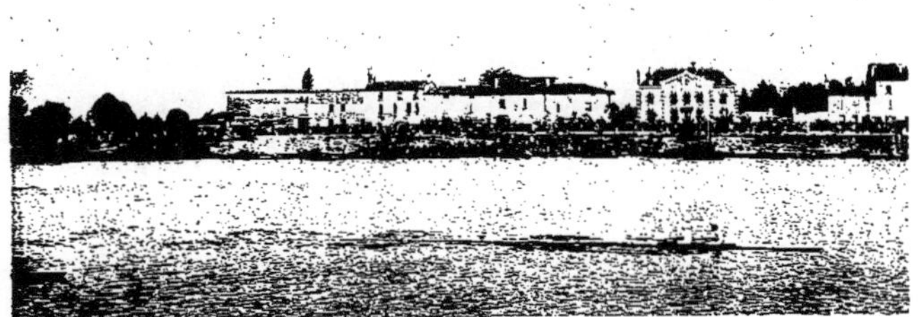

Championnat d'Europe — Deux rameurs en couple

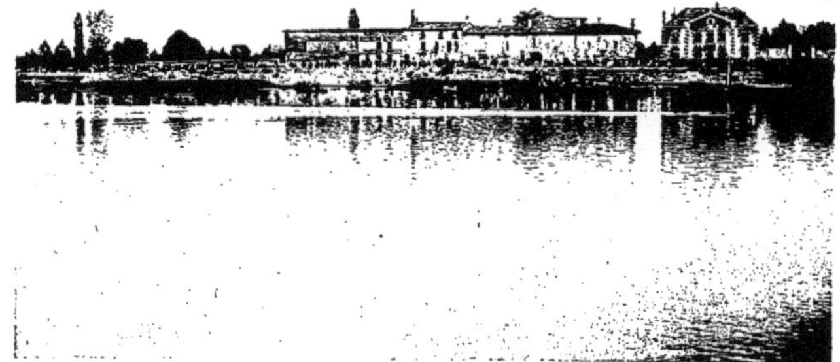

Course Intercalaire - *Skiff*

huit rameurs en pointe avec barreur. Lutte splendide entre l'Union nautique de Calais et le Cercle de l'Aviron de Lyon qui gagne d'un nez de bateau.

La partie vraiment sportive de la journée était terminée :

La Suisse gagnait trois championnats, la France deux et la foule enthousiasmée se préparait à continuer ces heures de joie par la fête de nuit et le deuxième concert fourni par les Équipages de la Flotte.

A 7 h. 1/2, dans le grand hall de la Chambre de Commerce, avait lieu un banquet réunissant plus de 200 convives, sous la présidence de M. Landry, ministre de la Marine.

A ses côtés, nous remarquions :

Monsieur Lamy-Boisroziers, préfet de Saône-et-Loire ; M. Lavau, député, maire de Mâcon ; M. Richard, sénateur, président du Conseil général ; MM. Desgranges et Gerbe, sénateurs ; MM. Cordelle, Decœne-Racouchot, Faisant, Poncet, Simyan et Tisseyre, députés ; MM. le Colonel du Teil, Pelletier, Robin-Perrier, docteur Gras, Gailleton, Bourgeois (de Louhans), Caucal, Cochard, Valéry Collet, Siraud, Druard, conseillers généraux ; Surchamp, secrétaire général de la Préfecture ; les sous-préfets de Chalon, d'Autun, de Charolles et de Louhans ; les conseillers de Préfecture ; M. Perroux, président de la Chambre de Commerce ; M. Jeanton, procureur de la République ; MM. Vassal, directeur du Creusot ; Verger, directeur des Postes ; Authelain, architecte ; M. Massonaud, trésorier payeur général ; M. Débès, ingénieur en chef ; MM. les Directeurs des Contributions directes et indirectes ; les chefs de service de la Préfecture ; les conseillers municipaux de Mâcon ;

les chefs des délégations étrangères; M. le comte Vialardi (Italie), secrétaire-trésorier de la Fédération internationale; MM. Voelfeller et le colonel de Maisy (Belgique); Manuel et Dasser (Suisse); Coblings (Hollande), etc., etc.

Pendant le repas, la musique du 134e régiment d'infanterie nous régala de ses harmonies.

Et, quand l'heure des toasts sonna, ce fut un autre régal, celui des discours aussi délicats que patriotiques, prononcés tour à tour par M. le Préfet, M. Lavau, député-maire, M. Boullay, président des Régates Mâconnaises, M. Wettengel, représentant la Fédération Française, M. Woelfeller, président de la Fédération Belge; M. le Comte Vialardi di Vérone, Secrétaire de la Fédération Internationale, et M. le Ministre Landry, haché d'applaudissements. Après quoi le cortège se rendit sur le quai Lamartine pour entendre le deuxième concert donné par la musique des Équipages de la Flotte de Toulon. La foule n'était pas moins innombrable, ni l'enthousiasme moins indescriptible pour acclamer ces merveilleux exécutants. Et les réjouissances continuèrent : bataille de confettis, bal champêtre, dans une cordialité et un entrain très français, très bourguignon surtout, dont les étrangers ne dissimulaient ni leur joie, ni leur admiration.

C'est à regret que la fête prit fin très tard dans la nuit, en laissant à tous l'impression profonde que ces journées mémorables demeureraient comme une gloire de notre pays, et l'orgueil de notre Cité.

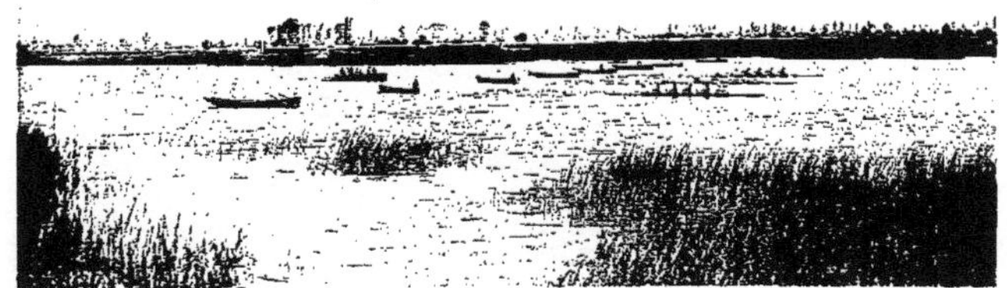

Championnat d'Europe - Quatre rameurs - Départ

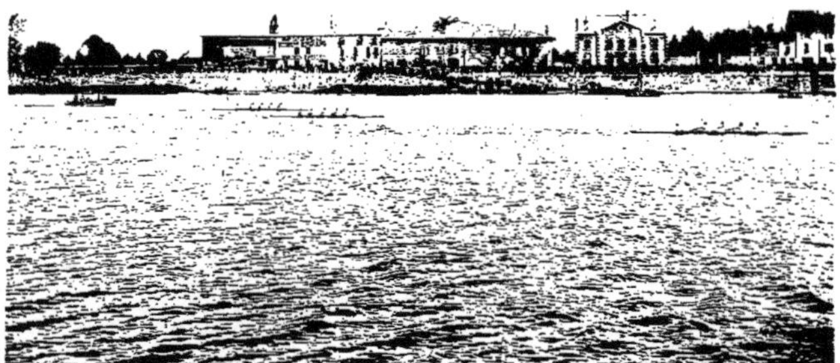

Championnat d'Europe - *Quatre rameurs*

DISCOURS PRONONCÉS AU BANQUET DU 15 AOUT

DISCOURS DE M. LE PRÉFET

Monsieur le Ministre,

Je me garderai bien de commettre l'incorrection d'empiéter sur les prérogatives du maire de Mâcon qui vous remerciera dans quelques instants, mieux que je ne pourrais le faire, d'avoir bien voulu venir présider la cérémonie d'aujourd'hui. Mais il m'apparaît que tout en obéissant à cette préoccupation, le préfet du département peut et doit vous exprimer sa gratitude pour l'intérêt que, dès la première heure, vous avez témoigné à la ville de Mâcon, en réservant à la délégation chargée de vous inviter et dont j'avais l'honneur de faire partie, l'accueil le plus courtois et le plus amical.

Je veux aussi, Monsieur le Ministre, vous remercier d'avoir entendu garder à cette journée, en la dégageant de toute entrave protocolaire, son caractère purement sportif. Vous pouvez être assuré qu'en agissant ainsi, vous avez conquis tous les suffrages (*Bravos répétés*).

Je voudrais encore, persuadé que le souci de la modestie empêchera les personnes les plus qualifiées de le faire, je voudrais, dis-je, souligner les efforts de tous les bons ouvriers qui ont su mener à bien la tâche délicate d'organiser les championnats de France et d'Europe.

Je n'en finirais pas si je devais citer les noms de tous, mais je suis certain de traduire le sentiment unanime en proclamant que le Président des Régates Mâconnaises et de la Commission des Fêtes, M. Boullay, a été l'âme de cette organisation, et en rendant hommage à sa tranquille persévérance et à son inlassable dévouement (*vifs applaudissements*).

Vous avez pu vous faire, Monsieur le Ministre, au cours de votre rapide promenade de ce matin, une idée de la richesse agricole et viticole du département de Saône-et-Loire ; demain, vous vous ferez une idée de sa richesse industrielle, et c'est affirmer une vérité que de dire que la nature s'est plue à combler ce département, qui serait peut-être le seul de France capable de se suffire à lui-même s'il était séparé du reste du monde.

Mais il serait injuste de ne pas ajouter que ses habitants ont su se montrer dignes des dons de la nature, et je crois qu'il serait mal aisé de trouver une région où les habitudes de travail, d'ordre et de méthode soient plus développées qu'en Saône-et-Loire (*longs applaudissements*). Je tiens à rappeler qu'au cours de la guerre, ce département s'est placé au premier rang pour les œuvres sociales et ce n'est jamais en vain qu'on a fait appel au patriotisme et aux sentiments généreux de ses habitants.

Vous comprendrez alors combien il serait difficile à un préfet de ne pas s'attacher à cette région dans laquelle l'aménité, la loyauté et la franchise règnent en maîtresses, et c'est pour moi un immense plaisir que d'adresser devant vous aux élus de Saône-et-Loire l'expression de ma vive reconnaissance pour la confiance qu'ils m'ont faite et de ma sincère affection (*vifs applaudissements*).

En terminant, je suis heureux de saluer les présidents des sociétés sportives qui ont répondu à l'invitation de Mâcon et conviant tous les assistants à s'unir à moi par le geste et la pensée, je vous demande la permission, M. le Ministre, de lever mon verre en l'honneur du Président de la République que vous représentez aujourd'hui parmi nous (*longs applaudissements*).

DISCOURS DE M. LAVAU, MAIRE ET DÉPUTÉ

Il m'est particulièrement agréable de me lever pour adresser à M. Landry, ministre de la Marine, les souhaits de bienvenue de la ville de Mâcon.

Nous avons trouvé, auprès de lui, tant d'amabilité et de cordialité au moment où mes collègues, sénateurs et députés de Saône-et-Loire, nous sommes allés dans son cabinet lui demander de vouloir bien présider nos fêtes sportives, que vraiment, nous ne saurions trop lui en exprimer nos bien vifs remerciements.

Nous savions qu'il allait prendre — pour quelques jours seulement — un repos bien mérité après les efforts considérables accomplis par lui dans l'administration de son ministère, et nous hésitions à troubler ce repos.

Et c'est M. le Ministre Landry qui, immédiatement, nous dit : « Je serai à Mâcon le 15 août quand même. »

Merci, Monsieur le Ministre, pour ce « quand même ». Vous voudrez bien me permettre de vous en témoigner — au nom de tous — notre entière gratitude (*bravos répétés*).

La population mâconnaise d'ailleurs, par son accueil cordial et chaleureux, a déjà indiqué à M. le Ministre de la Marine en quelle estime particulière on le tenait ici.

Mais aussi, lui a prouvé combien le Gouvernement de la République avait, dans notre ville, de fervents et vigilants soutiens, soucieux de la défense de la Patrie et de nos institutions républicaines, et désireux aussi de se trouver avec lui, entièrement, dans les moments difficiles que nous vivons encore (*applaudissements*).

A côté de vous, Monsieur le Ministre, je vois M. le Préfet de Saône-et-Loire.

Mon devoir le plus strict, c'est de le saluer cordialement aussi.

N'oubliant pas, à aucun moment, son rôle général dans le département et le remplissant au mieux des intérêts importants qui lui sont confiés, M. Boiroziers s'est donné à Mâcon ; il en est devenu le premier citoyen vivant de sa vie, favorisant toutes ses œuvres, prenant part à toutes ses manifestations, à toutes ses fêtes, et réalisant ce prodige : « Plaire à tous. »

Ce m'est un plaisir particulier de lui apporter aujourd'hui les assurances des sympathies de la population mâconnaise (*vifs applaudissements*).

Je vois ici bien des visages amis, notamment ceux de mes chers collègues au Sénat et de la Chambre. Qu'ils me permettent de leur dire merci de leur présence et du soutien moral et matériel qu'ils ont bien voulu nous accorder dans la bonne réussite de nos fêtes.

De nombreux conseillers généraux et d'arrondissement ont tenu à assister à nos réjouissances, et à nous témoigner ainsi l'intérêt qu'ils portent à Mâcon.

Ils l'avaient déjà prouvé, par le vote d'une subvention destinée à nous aider dans la réception ministérielle.

Que tous reçoivent ici nos bien sincères remerciements et l'assurance de notre gratitude. (*Bravos.*)

Ces fêtes auxquelles nous avons assisté ont eu — au point de vue sportif — une importance considérable.

Elles devaient non seulement décider du championnat de France, mais du championnat international de l'Europe. Aussi, avons-nous vu venir, dans notre ville, les différentes Fédérations des puissances alliées et neutres, et nos anciennes et vaillantes fédérations françaises, se disputer, dans le merveilleux bassin de la Saône, la palme de la victoire pacifique.

Toutes, désireuses de soutenir le bon renom de leur pavillon, toutes ont rivalisé, lutté, de façon admirable, de telle sorte que les vainqueurs eux-mêmes sont obligés de reconnaître qu'en face d'eux ils avaient des adversaires redoutables et dignes, eux-mêmes, de la victoire.

Que toutes ces fédérations, étrangères ou françaises, à qui j'adresse notre cordial salut, accueillent le témoignage de notre admiration et l'assurance de la cordiale amitié de Mâcon, si heureuse de les avoir possédées pendant quelques jours. (*Bravos prolongés.*)

Je ne remplirai pas complètement mon devoir si je ne disais pas au Comité des Fêtes, aux Régates Mâconnaises, à toutes les sociétés de la Ville qui ont participé à nos réjouissances, combien la municipalité, le conseil municipal tout entier a été touché par le dévouement apporté dans l'organisation et l'exécution d'un programme important et qui a permis de démontrer à tous que Mâcon est une ville hospitalière, sachant recevoir avec le faste et la cordialité nécessaires. (*Longs bravos.*)

Merci à tous, merci de tout cœur.

Permettez, Messieurs, de lever tout d'abord mon verre en l'honneur de M. le Ministre, digne représentant du Gouvernement de la République.

Et voulant oublier, avec votre autorisation, toutes les personnalités éminentes qui se pressent à

ces tables, de boire tout simplement à l'Aviron générateur et conservateur du muscle et qui entretient, entre tous ceux qui s'y exercent, et la Force, et l'Amitié comme aussi l'Accord toujours fécond (*Longs applaudissements*.)

DISCOURS DE M. BOULLAY

Monsieur le Ministre, Messieurs,

Le Comité des Fêtes et la Société des Régates Mâconnaises vous adressent de bien vifs remerciements pour le très grand honneur que vous leur avez fait en acceptant leur invitation et en venant présider les championnats de France et d'Europe à l'aviron.

Vous avez pu constater, Monsieur le Ministre, que toutes les Sociétés sportives et musicales de la ville avaient apporté leur concours le plus dévoué à l'organisation de ces fêtes par leur participation la plus active.

C'est que toutes, sans exception, ont un but commun : l'éducation morale et physique de la jeunesse française. Toutes nos sociétés désirent et veulent former une jeunesse disciplinée, vaillante, forte, et prête à soutenir l'honneur du drapeau et à défendre, en cas de danger, le sol de la Patrie.

Aussi, votre présence parmi nous aujourd'hui, nous est un précieux encouragement, et nous prouve que le gouvernement est toujours prêt à nous aider afin de rendre notre tâche plus facile. (*Bravos.*)

Avant-hier, avait lieu la journée des championnats de France ; y prenaient part trente-deux sociétés de toutes les régions de la France, déclarées elles-mêmes champions des Fédérations régionales.

Le succès fut magnifique !

Vous avez pu voir aujourd'hui l'élite des sociétés nautiques, c'est-à-dire les champions de la Belgique, de la Suisse, de l'Italie et de la France, lutter pour obtenir le glorieux titre de Champion d'Europe.

Nous sommes très fiers d'avoir été choisis par la Fédération française des sociétés d'aviron pour organiser ces grandes journées sportives ; mais nous craignions, malgré tous nos efforts, de n'avoir pas fait le nécessaire pour donner à cette grande manifestation tout l'éclat qu'elle méritait.

Aussi, nous vous prions, Messieurs, de nous excuser si des omissions, des négligences ou des erreurs ont été commises dans tous les détails de ces organisations.

La population mâconnaise tout entière a voulu, en pavoisant ses rues, prendre une large part à cette manifestation et montrer à tous ses visiteurs le plaisir qu'elle éprouve à les recevoir.

Qu'ils soient tous, alliés et amis, les bienvenus parmi nous. (*Applaudissements.*)

Nous remercions tous ceux qui nous ont apporté un concours des plus précieux, soit par leurs souscriptions, soit par leur part active dans nos travaux.

Vous me permettrez de citer tout particulièrement M. le Président de la République ; M. le Ministre de l'Instruction publique ; M. le Préfet, ami de tous les sports ; MM. les Sénateurs et Députés qui ont bien voulu nous offrir de beaux prix ; le Conseil général ; M. Lavau, maire ; M. Bertrand, adjoint, dont nous avons apprécié tout le dévouement, le Conseil municipal tout entier, qui nous ont accordé de larges subventions ; M. Schneider, M. le colonel du Teil, M. de Lachesnais, M. Siraudin, la Banque de France et les banques de la Ville, nos membres d'honneur, nos membres honoraires, la Chambre de Commerce pour l'offre gracieuse de son magnifique local ; enfin tous ceux, et ils sont nombreux, qui s'intéressent à notre beau sport nautique et à notre vieille société des Régates Mâconnaises.

Qu'ils veulent bien recevoir ici le témoignage public de notre profonde reconnaissance.

Nous remercions aussi M. le Ministre d'avoir bien voulu nous accorder la belle musique des Équipages de la Flotte pour rehausser l'éclat de nos Fêtes.

Nous avons pu l'écouter, l'admirer, et reconnaître que son talent n'était que la justification et la confirmation de sa grande réputation.

La musique militaire du 134ᵉ régiment d'infanterie, l'Harmonie municipale, l'Union chorale, les Trompes de Saint-Hubert, l'Union musicale de Saint-Laurent, nous ont aidé par leurs beaux concerts et nous les en remercions vivement.

Nous ne saurions oublier la Commission des sports et la précieuse collaboration de toutes les sociétés sportives qui la composent, ainsi que la presse locale et régionale et la Presse sportive.

Nous vous prions de nous excuser si nous oublions de citer des sociétés et des personnes.

En terminant, vous me permettrez, Monsieur le Ministre, de saluer en vous le Gouvernement de la République et de porter un toast à votre santé. (*Applaudissements répétés.*)

DISCOURS DE M. WETTENGEL

M. Wettengel, Vice-président de la Fédération Française, remplaçant M. Glandaz, Président, remercie M. Landry, ministre de la Marine, d'avoir bien voulu donner par sa présence la consécration officielle au sport de l'aviron. Il remercie également M. Boullay, président du Comité des Fêtes, M. Lavau, maire de Mâcon, et déclare qu'il est difficile de trouver une ville aussi large d'idées èt de bourse que Mâcon qui a su faire le plus magnifique effort pour cette grande cérémonie nautique. Il remercie également les délégués des nations étrangères de l'éclat qu'ils ont apporté à la fête et particulièrement aux délégués hollandais, et souhaite que l'an prochain ce soit la Hollande qui ait l'honneur de recevoir les champions d'Europe. (*Applaudissements.*)

DISCOURS DE M. WOELFELLER

M. Woelfeller, délégué belge, prend la parole et porte d'une voix forte un toast à la France. De vifs et unanimes applaudissements éclatent de toutes parts. Très ému de cette manifestation, M. Woelfeller remercie l'assistance et tient à déclarer que la Belgique ne saura jamais assez dire combien elle est reconnaissante à la France de ce qu'elle a fait pour elle. (*Longs et unanimes applaudissements.*)

DISCOURS DE M. LE COMTE VIALARDI DI VERONE

M. le comte Vialardi di Verone, secrétaire de la F. I. S. A., délégué italien, dit qu'il n'a pu apporter la médaille d'or parce que le gouvernement italien défend l'exportation de l'or, mais il tient à payer sa dette de reconnaissance à la Municipalité de Mâcon en lui offrant une grande médaille en bronze doré, du type de celle qu'ont obtenue les champions d'Europe. Il offre également aux Régates Mâconnaises, à M. Boullay, président, à M. Chardigny, Secrétaire des Régates, des médailles en signe de gratitude de la part des délégués étrangers. Puis il donne lecture du palmarès des prix de la journée des championnats d'Europe :

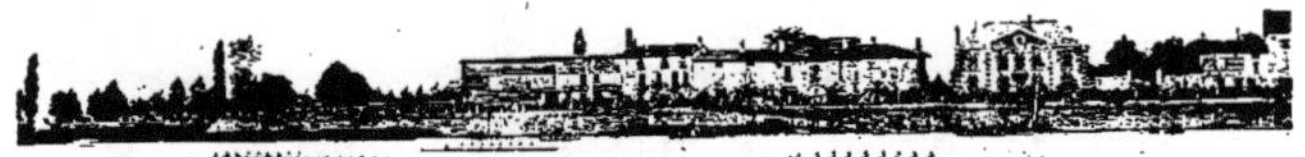

Championnat d'Europe - Huit Rameurs - Arrivée

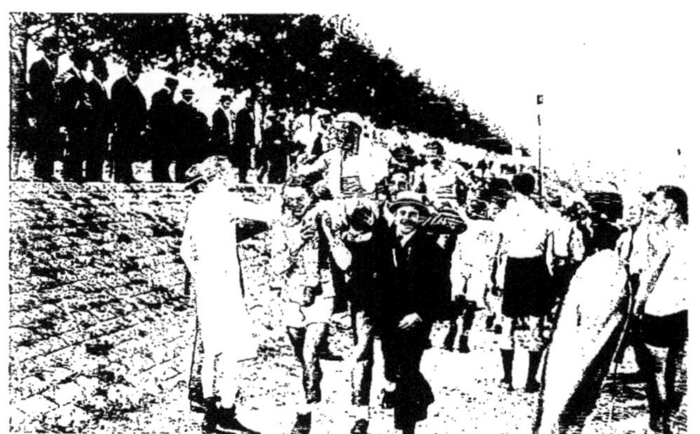

Une ovation aux vainqueurs

CHAMPIONNATS D'EUROPE

1. Quatre rameurs en pointe avec barreur.

Champion : **SUISSE**, *Grasshopper-Club de Zurich* (Hans Walter, H. Rudolf, W. Bruderlin, E. Rudolf).

2. Un rameur skiff.

Champion : **SUISSE** : *See Club de Zurich* (Schmid).

3. Deux rameurs en pointe avec barreur.

Champion : **FRANCE**, *Société nautique de la Marne* (Poix et Bouton)

4. Deux rameurs en couple (double scull).

Champion : **FRANCE**, *Société nautique de la Marne* (Plé et Giran).

5. Huit rameurs en pointe avec barreur.

Champion : **SUISSE**, *Grasshopper Club de Zurich* (Watter, H. Rudolf, Bruderlin, Rudolf, Roesli, Turler, Freuler, Bosshard).

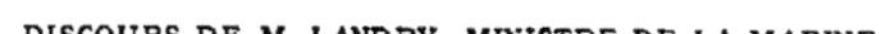

DISCOURS DE M. LANDRY, MINISTRE DE LA MARINE

Messieurs,

Avant que cette réunion prenne fin, je veux, à mon tour, offrir mes félicitations sincères aux vainqueurs des championnats qui viennent de se disputer, et aussi à ceux qui ont organisé, avec tant de soin et avec un succès si plein, la grande journée sportive à laquelle il nous a été donné d'assister.

De cette journée, nous emporterons et nous garderons tous le plus agréable souvenir. Le sport de l'aviron est un de ceux où l'on trouve le plus de charme, quand on a la chance de pouvoir s'y adonner : ces rivières où on le pratique ne sont-elles pas comme des routes fluides, qui vous bercent, et dans lesquelles le ciel se reflète ? Mais en même temps, quel joli spectacle, pour ceux qui regardent, que cet effort rythmé des rameurs faisant glisser sur l'eau leurs fines embarcations ! Spectacle particulièrement attrayant quand il se place dans le décor que nous avons pu contempler. Cette Saône tranquille et limpide, ces collines heureuses qui la bordent, couvertes de vignobles et peuplées de villas, cette plaine de la Bresse, qui, de l'autre côté, étend ses riches prairies, c'est le paysage qui a enchanté la jeune imagination d'un très grand poète, dont la vision assidue n'a pas été sans contribuer à former son génie. (*Vifs applaudissements.*)

Messieurs, si j'ai tenu à exprimer le plaisir que j'ai goûté, je ne saurais négliger de dire qu'en m'envoyant parmi vous, le Gouvernement, dont j'ai l'honneur de faire partie, a voulu, à la fois, témoigner de ses égards pour cette belle ville de Mâcon où la Fédération internationale des sociétés d'aviron s'est réunie, comme elle avait déjà fait une fois, il y a vingt-six ans, et saisir l'occasion qui s'offrait à lui de montrer l'intérêt qu'il porte au sport, cet intérêt qu'il affirmait, le mois dernier, en faisant voter par les Chambres la création de l'Office national. (*Applaudissements.*)

Au lendemain d'une guerre qui a creusé tant de tombes et fait tant d'invalides, la conception que les Grecs avaient de l'éducation et de la vie s'impose plus que jamais : il faut que les hommes, tout en s'appliquant à exercer leurs facultés intellectuelles et à acquérir le savoir, s'efforcent de développer harmioneusement, pendant la jeunesse, et d'entretenir, pendant l'âge mûr, leurs aptitudes physiques. En particulier, pour notre France triomphante et glorieuse, mais terriblement affaiblie par les sacrifices dont elle a dû payer sa victoire, nous croyons fermement que le sport sera l'un des facteurs les plus efficaces de relèvement. (*Bravos et applaudissements.*)

Il ne donne pas seulement la santé et la vigueur. Ses bienfaits, dans l'ordre moral, ne sont pas moindres. Bienfaits négatifs : les jouissances saines qu'il procure détournent et dégoûtent des distractions dégradantes. Bienfaits positifs aussi. Dans la pratique du sport, on apprend la soumission à la règle, la discipline, c'est-à-dire la solidarité, la cohésion étroite avec les partenaires, la loyauté vis-à-vis du concurrent ou de l'adversaire. Par ailleurs, le sport, c'est l'émulation perpétuellement excitée, mais une émulation où souvent, notamment dans la plupart des épreuves d'aviron, l'individu cherche à employer tous ses moyens pour une victoire, qui sera non pas sa victoire, mais celle de son équipe, de sa société, de sa ville, de sa région, de son pays : excellente école des vertus les plus hautes qu'exige la vie sociale ! (*Vifs applaudissements.*)

C'est à des luttes internationales qu'aboutissent des compétitions qui sont un des aspects essentiels du sport. Luttes ardentes, passionnées, mais qui ne laissent point de rancœurs derrière elles. Le succès appartient aux meilleurs ; aucune injustice ne le corrompt ; et ceux à qui il a été refusé savent qu'il dépend d'eux de s'en rendre dignes plus tard. Tout au contraire, dans ces rencontres courtoises, on apprend à se connaître, à s'apprécier et avec l'estime mutuelle naît la camaraderie.

Pourquoi faut-il que toutes les compétitions internationales n'aient point ce caractère ? J'évoque ici, à nouveau, le souvenir qui hante et obsède tous nos esprits, de ce conflit gigantesque où tant de peuples se sont entrechoqués, et qui, cinq années durant, a couvert l'Europe de sang et de ruines. Où en sommes-nous aujourd'hui ? Même après une aussi effroyable catastrophe, l'avenir du monde demeure plein d'incertitude et de menaces. Combien cet avenir s'éclaircirait, combien les rapports entre les nations deviendraient plus faciles et plus sûrs si l'esprit sportif inspirait les conceptions et les méthodes des hommes d'État ! (*Bravos répétés.*)

Messieurs de la Fédération internationale des sociétés d'Aviron, poursuivez votre œuvre. Dans le domaine limité où elle s'enferme, elle ne saurait produire que du bien à tous égards pour ceux que groupe votre organisation, pour les pays divers sur lesquels elle s'étend, pour l'humanité. (*Longs applaudissements.*)

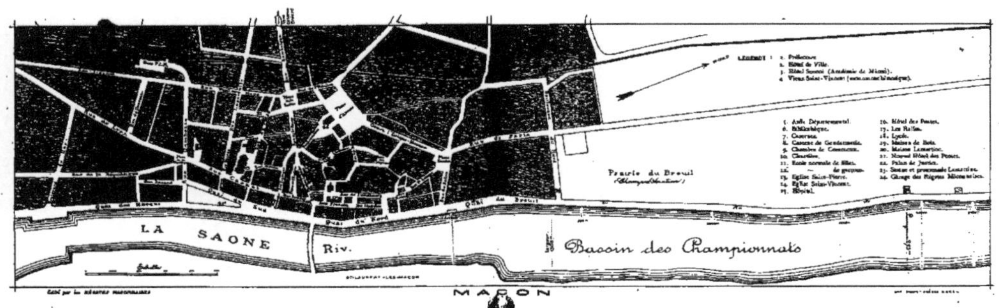

LA SAONE Riv.
Bassin des Championnats
MACON
Prairie du Breuil
(Champ d'Education)
LÉGENDE :
1. Préfecture.
2. Hôtel de Ville.
3. Hôtel Senecé (Académie de Mâcon).
4. Vieux Saint-Vincent (restauré en style roman).
5. Asile Départemental.
6. Bibliothèque.
7. Caserne.
8. Caserne de Gendarmerie.
9. Chambre de Commerce.
10. Cimetière.
11. École normale de filles.
12. — de garçons.
13. Église Saint-Pierre.
14. Église Saint-Vincent.
15. Hôpital.
16. Hôtel des Postes.
17. Les Halles.
18. Lycée.
19. Maison de Bois.
20. Maison Lamartine.
21. Nouvel Hôtel des Postes.
22. Palais de Justice.
23. Statue et promenade Lamartine.
24. Champ des Régates Mâconnaises.

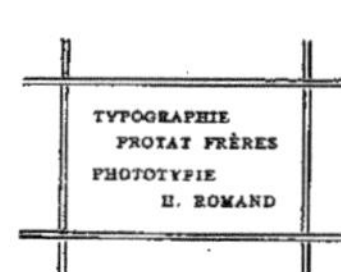

TYPOGRAPHIE
PROTAT FRÈRES
PHOTOTYPIE
H. ROMAND

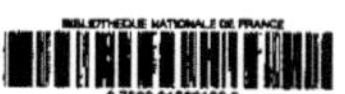

www.ingramcontent.com/pod-product-compliance
Ingram Content Group UK Ltd.
Pitfield, Milton Keynes, MK11 3LW, UK
UKHW022121070726
13613UKWH00003B/1199